W0214979

Où sont les toilettes?

Isabelle Monrozier

Où sont les toilettes?

Avec la collaboration de Françoise Salvetti
Illustrations de Philippe Car et Fabrice Lebeault

Éditions Ramsay
9, rue du Cherche-Midi
75006 Paris

© Éditions Ramsay, 1990
ISBN : 2-85956-881-6

A Frédéric, mon homme
et à Bogdan.

Introduction

> « Il sort de table quand les plats sont vides, boit un plein bol de café, deux verres de cognac, allume sa pipe, s'en va aux latrines, et retourne à ses affaires, aussi dispos que s'il avait gobé un œuf. »
>
> Roger Martin du Gard

– Comment allez-vous?

– Bien! Et vous?

Dialogue banal échangé des dizaines de fois par jour par des millions de personnes. Question conventionnelle qui n'attend aucune réponse particulière et surtout pas personnalisée.

Et pourtant, elle cache une entrée en matière... fécale. Comment allez-vous signifie, en fait, au sens premier, comment allez-vous du corps? Et nous pouvons reprendre le dialogue :

– Comment allez-vous?

– Mal. Je suis constipé. D'ordinaire je suis réglé comme du papier à musique. Après mon café, j'y vais tous les matins. Mais aujourd'hui, rien!

– Comment allez-vous?

– Très bien depuis que je bois une bouteille d'eau minérale par jour!

« Comment allez-vous » devrait donc nous inciter à dresser le bilan précis de notre vessie et de nos sphincters... Ce qui, de nos jours, paraît obscène est en fait frappé au coin du bon sens.

Comme la météo qui, quotidiennement, nous sert à aborder les gens, notre séjour aux toilettes influe sur notre humeur et sur notre santé. Ne dit-on pas de quelqu'un qu'il est constipé, pète-sec ou cul-serré lorsqu'il ne se montre pas à l'aise en société?

Antérieure au XVIIIe siècle, cette expression d'origine rurale s'emploie à l'époque car les médecins accordent une très grande importance aux excrétions et aux humeurs. Il est primordial de se débarrasser des excréments liquides et solides, tout aussi primordial que de cracher, tousser ou se moucher. Les docteurs racontent que certains de leurs patients sont morts de s'être retenus d'aller à la selle!

Déjà, Jonathan Swift s'en sert dans ses écrits. On connaît de lui *les Voyages de Gulliver* mais on a oublié un autre de ses ouvrages qui remporta pourtant un vif succès. Dans *le Grand Mystère ou l'Art de méditer sur la garde-robe,* Swift nous livre ses réflexions sur le mystère de la chierie : « Vous me faites chier! Quel compliment! Que peut-on souhaiter de meilleur à nos plus chers amis que de décharger leurs intestins, ces membranes si sensibles, d'un fardeau qui peut avoir de terribles conséquences et qui nous cause une frayeur perpétuelle tant que nous n'en sommes pas quittes? »

Le XXe siècle comme le XIXe siècle et surtout à cause du XIXe siècle, occulte ce lieu où l'homme se trouve pourtant dans l'obligation de se rendre plusieurs fois par jour pour s'exonérer. Un lieu tabou, considéré comme sale, voire dégradant, où pourtant souvent il se réfugie et dont il ne peut se passer.

Dans *les Lieux, histoire des commodités,* Roger-Henri Guerrand explique comment la bourgeoisie du

XIXe siècle a donné aux Français l'horreur de leur corps et de ses nécessités physiologiques, qu'elle a préféré passer sous silence. Elle impose de prendre ses précautions ou de se retenir. Il rapporte également cette anecdote montrant que cette prétendue maîtrise du corps avait gagné jusqu'à la Russie des tsars : « Dans la bonne société de Saint-Pétersbourg, il était de la dernière impolitesse de s'éclipser un instant d'un salon. D'où, au début de la Révolution qui se proposait aussi d'affranchir le corps de pratiques aberrantes, l'apposition d'énormes affiches, immédiatement comprises de tous, avec le conseil suivant : " Un instant de gêne peut compromettre la santé pour des années. " »

La France n'a pas fait la révolution d'Octobre, même si, sous prétexte d'hygiène, depuis quelque temps, certains esprits se décoincent... Encore aujourd'hui, notre société évite de parler de la mort et des fonctions vitales comme si la vie s'arrêtait à l'estomac.

Pourtant quelle hypocrisie, pour un peuple qui a élevé la nourriture au rang de gastronomie, d'occulter ce lieu où « les merveilles de la cuisine tombent en ruine » ! Car l'homme est ainsi fait que, pour se nourrir, il est condamné à siéger pour faire le vide et... recommencer...

Qu'importe l'art, poussif ou laxatif, ou la manière, debout, assis ou accroupi, qu'importe notre condition sociale, notre religion ou notre culture. Pour vivre, nous devons expulser des « petits coins » de nous-mêmes. Petits et grands, laids et beaux, pauvres et riches, tristes et drôles, seule la cadence diffère. Ainsi, puisque nous sommes des êtres de chair, pourquoi faire l'éloge de la table sans l'accompagner de l'éloge des W.-C. ?

Le besoin quotidien de nous y rendre nous rappelle notre attachement inéluctable à la matière car l'homme n'a pas été créé à l'image de Dieu. C'est ne pas nous « prendre pour de la merde » que d'oublier notre condition humaine !

Refuser de l'admettre, c'est d'abord refuser d'en parler. Et, sur ce point, les Français se divisent en trois. Ceux que le sujet choque, telle la comédienne Carole Laure. Ils vous toisent, les yeux plein d'effroi et de stupeur. Comment une jeune femme qui a l'air si « comme il faut » peut-elle s'intéresser à un lieu pareil? Elle doit être scato...

Vous avez l'impression de violer leur intimité, du coup vous n'insistez pas, et eux non plus!

Ceux que le sujet étonne et dont les yeux s'écarquillent, tel Rufus : « Qu'est-ce qu'on peut bien raconter sur un sujet pareil? »

Mais ceux-là sont faciles à convaincre. Très vite, leur vient à l'esprit un souvenir d'enfance ou de voyage. Vous n'êtes plus un extraterrestre. Certains vous téléphoneront quelques jours plus tard, car entre-temps ils en ont parlé à un ami qui leur a raconté que...

Enfin, ceux acquis à la cause, tel le romancier Pierre Rey. L'idée les passionne, ils y ont réfléchi, peut-être dans l'endroit maudit. Leur discours intarissable vous ouvre même des horizons. Ils vous font leurs confidences sans se faire prier. Ouf! vous avez trouvé des compagnons de cellule...

I

Tourner autour du pot

« Bah ! C'eût été une belle mort. Il vaut mieux mourir comme ça qu'aux cabinets. »

Charles de Gaulle
Attentat du Petit-Clamart
Le 22 août 1962

Novembre 1989. Sur la scène du Zénith, Guy Bedos s'agite pour faire rire tous les spectateurs acquis à sa cause. Tous, sauf une spectatrice qui décide de partir au beau milieu d'un sketch.

Guy Bedos fait mine de ne pas s'en apercevoir. Difficile car elle se lève du premier rang dans les travées du milieu. Il attend qu'elle ait disparu et s'interrompt brutalement pour retourner la situation en sa faveur : « Nous allons l'attendre. Elle a dû aller faire la petite commission. »

Éclats de rire dans la salle... Silence... Guy Bedos traverse la scène de long en large, s'allonge même, faisant mine de trouver l'attente un peu longue...

Et comme le temps passe, il se ravise et improvise ou donne l'impression d'improviser : « non, elle a dû aller faire la grosse commission, il ne faut plus l'attendre car cela va durer trop longtemps. »

Nouveaux éclats de rire... et le spectacle reprend son cours. L'illustre inconnue ridiculisée bien malgré elle, et Bedos, l'honneur sauf. La recette n'est pas inédite. Beaucoup d'entre nous imaginent volontiers ceux qui les impressionnent assis sur un W.-C., dans cette humble posture. « Au pensionnat, raconte Régine Deforges, les sœurs nous disaient : " Mesdemoiselles, lorsque vous demandez audience à une personnalité, imaginez-la aux lieux. " Moi, je n'ai jamais imaginé ça. C'est la loi commune. » Reste que l'expression « petite et grosse commission » tombée en désuétude traduit sur le plan linguistique une distinction fondée sur le contenu.

Certaines civilisations retiennent elles aussi, cette différence. Les Dogons d'Afrique de l'Ouest, par exemple, assimilent l'urine à de l'eau sale qui favorise la fermentation du fumier. En revanche, ils ont l'excrément honteux. Du coup, les Dogons ont le droit de parler lorsqu'ils urinent mais doivent rester silencieux lorsqu'ils défèquent.

Liquide et transparente, l'urine ne sent pas mauvais sauf, bien sûr, dans les couloirs du métro, les sorties de parking où, évaporée et concentrée, elle dégage une odeur ammoniacale caractéristique! Solides, les fèces empestent, surtout quand elles ne proviennent pas de notre propre corps, à l'instar des enfants des autres qui nous dérangent toujours plus que les nôtres.

Couler un bronze ou poser une sentinelle dans l'armée... Vider un perdreau chez les chasseurs... Déposer un bilan pour les comptables... Les mots pour décrire ce qu'on va faire sont pléthore. Plus rares sont ceux qui s'attachent au lieu proprement dit.

Aujourd'hui le langage courant retient toute une série d'expressions plus ou moins employées : lieux, lieux d'aisances, latrines, lavabo, lavatory, chalets de nécessité, cabinets, cabinets d'aisances, garde-robe, commodités, trône, là où le roi va à pied, là où le roi va seul, tinettes, petit coin, petits endroits, quelque part, W.-C., waters, water-closet, vécés, wawa, oua-oua, salle de bains, toilettes, salle de repos, sanisettes, sanitaires, vespasiennes.

Bizarrement, l'argot semble plus pauvre : gogues, goguenots, cagoinces, gras, tartisses, tartissoires pour les urinoirs, fil à plomb, chiottards, et bien sûr chiottes.

Jacques Prévert aimait ce mot de chiottes que l'on ne trouve dans la littérature qu'à partir des années cinquante : « Toutes ces vaticaneries... ces fétiches... ces gris-gris... ce luxe... ces tapis... ces wagons-salons... ces locomotives d'or... ces cure-dents d'argent... ces chiottes de platine... toute cette vaisselle de riche, toutes ces coûteuses... ces ruineuses saloperies... tout cela met le pratiquant mal à l'aise... » peut-on lire dans *Paroles.* Hervé Bazin lui aussi n'hésite pas à l'employer dans *Vipère au poing* : « Je viens d'aller aux chiottes », ainsi que Louis--Ferdinand Céline dans *Voyage au bout de la nuit* : « Mais quand on connaît depuis vingt ans la cabine téléphonique du bistrot, par exemple, si sale qu'on la prend toujours pour les chiottes, l'envie vous passe de plaisanter avec les choses sérieuses. »

Ce nom populaire et féminin ne déplaît pas non plus à Jacques Médecin. L'ancien maire de Nice s'en sert pour écrire à Claudette, la jeune femme qui s'occupait de ses affaires privées aux États-Unis, lorsqu'ils essayaient tous les deux de vendre des sanisettes Decaux en Californie : « Tu peux réclamer pour toi et pour moi 10 % sur la publicité susceptible d'être apposée sur les chiottes. »

Souvent d'ailleurs, pour ne pas dire toujours, le mot est employé au pluriel. Un pluriel « de majesté » qui ramène aussi aux origines conviviales de ce lieu, alors que de nos jours, les besoins sont satisfaits dans l'intimité. Même si les hommes aiment bien faire exception à la règle. La littérature affectionne également le mot « latrines ». Il provient de *latrina,* contraction de *lava-*

trina, un dérivé du verbe latin, *lavare* qui veut dire laver.

« Les historiens, les philosophes, les savants, les commentateurs, les philologues, les vidangeurs, les ressemeleurs, les mathématiciens, les critiques, etc., de tout ça, j'en fais un paquet et je le jette aux latrines. » C'est signé Gustave Flaubert.

Le terme d'« aisances » vient aussi du latin mais, contrairement à ce que l'on pourrait croire, un lieu d'aisances ne signifie pas un lieu où l'on peut prendre ses aises. Son étymologie, adjentia, renvoie à ce qui se trouve à côté du reste et séparé du reste, ce qui a été le cas de ce lieu pendant très longtemps, séparé et rejeté de la maison.

De la même façon, le mot « cabinet » signifie une petite pièce séparée et un lieu destiné aux besoins naturels.

Water-closet n'est plus guère employé sous sa forme complète qui, comme l'écrit Marcel Proust, vient « d'une anglomanie mal informée », *water* signifiant eau et *closet,* emprunté à l'ancien français closet, petit clos, diminutif de clos.

On lui préfère le sigle « W.-C. » ou l'abréviation « waters » que l'on prononce de différentes manières.

Lorsque l'industrie s'est emparée de leur entretien, les entreprises lui ont donné le nom de « sanitaires ». Il se rattache plus à la santé qu'à la propreté elle-même, *sanitas* signifiant la santé qui, depuis Louis Pasteur, se conjugue avec l'hygiène. Jean-Claude Decaux s'en est inspiré pour ses sanisettes. De toute façon, dans la vie courante, il existe un détour de langage qui veut que l'on privilégie l'hygiène pour nommer ce lieu.

On peut aimer en parler mais ne pas supporter l'idée de l'appeler par son nom. Les intellectuels peuvent ainsi allégrement disserter sur le lieu, mais, dans des circonstances personnelles qui les impliquent, ils sont incapables de le nommer. Comme l'explique le linguiste Claude Hagège, le langage reflète le tabou individuel.

Heureusement, il existe toute une panoplie de termes et d'expressions qui visent à camoufler la réalité.

– Où sont les toilettes? La plus banale.

– Où puis-je me laver les mains? Plus distinguée et que les préfets emploient volontiers lorsqu'ils accueillent un ministre dans leur préfecture. Car, aux personnages importants, on ne demande jamais s'ils veulent aller aux toilettes. Ceux qui nous gouvernent ne peuvent qu'éprouver l'envie de se laver les mains ou, de façon plus élégante encore, de se rafraîchir...

Jacques Chaban-Delmas se gausse de cette hypocrisie en prévenant toujours qu'il va se laver les mains contre le mur! Les expressions diffèrent selon les pays. Les Anglaises demandent à aller se poudrer et les Belges où se trouve la cour? Parfois, la bienséance impose que l'on s'enquière de la salle de bains lorsque l'on cherche les W.-C., y compris dans un lieu public. Le metteur en scène Jorge Lavelli avoue avoir éprouvé un certain plaisir en s'apercevant que ses compatriotes argentins n'étaient pas les seuls dans ce cas.

Un jour, il reçoit dans son bureau un musicien espagnol, fraîchement débarqué à Paris, qui devait se produire dans un spectacle du Théâtre de la Colline qu'il dirige. Il le sentait un peu nerveux. Sans doute la fatigue du voyage, se disait-il. Le téléphone sonne. A peine la conversation commencée, il voit le musicien se précipiter sur son assistante pour lui demander où se trouve la salle de bains... Pris d'une envie pressante, il n'était pas arrivé à se faire comprendre depuis son arrivée sur le sol français, quelques heures auparavant.

Les Français vont jusqu'à préférer paraître impolis pour justifier une absence. Ils expliquent qu'ils doivent téléphoner plutôt que d'avouer qu'ils ont besoin de s'épancher. Sans doute est-ce pour cela que téléphone et W.-C. sont toujours accolés.

Les expressions diffèrent également selon les régions. Dans l'Est, encore aujourd'hui, lorsque l'on dit : « viens, je te paye une ardoise », cela signifie : « viens pisser avec moi. » Les urinoirs, autrefois, étaient fabriqués à l'aide de grandes plaques d'ardoise comme le prouve la commission des Ardoiseries d'Angers. Dans son catalogue de 1930, elle vante les mérites de l'ardoise locale, « ni poreuse, ni absorbante, qui ne peut se laisser attaquer par l'acide, et qui donc convient beaucoup mieux que le ciment aux urinoirs et aux cabinets... ».

Dans les familles, on aime bien également baptiser le lieu où l'on doit se rendre. Dans la famille Vendroux, par exemple, belle-famille du général de Gaulle, on emploie l'expression : « je vais à Doudan ». Allez savoir pourquoi? Elle a dû être inventée par une grand-mère à l'imagination fertile pour poétiser l'endroit... Bref, une société qui cherche par tous les moyens à éliminer les odeurs cherche aussi à « désodoriser » son langage.

Nommer et évoquer ce lieu effraie, alors que personne ne s'étonnera de deviser sur la chambre à coucher, la salle de bains ou la cuisine. A longueur de pages, les journaux de décoration vous montrent sous toutes leurs coutures, et avec un regard indiscret, les maisons et les appartements de ceux qui font l'actualité. Jacuzzi, hammam, sauna, tous les lieux intimes sont photographiés. Mais ce regard ne vous emmène jamais jusqu'à l'endroit fatidique où repose leur auguste fessier. *Modus vivendi* entre le journaliste qui ne le demande pas et l'hôte qui ne le propose pas. Cela ne tient nullement à l'exiguïté du lieu mais encore une fois au tabou. A peine, depuis quelque temps, voit-on dans la presse grand public des reportages sur les nouveaux modèles de cuvette, au moment des salons tel que Batimat, par exemple.

Il est encore trop tôt pour montrer le lieu mais les journaux commencent à l'évoquer. En juillet 1989, *la Gazette de Montpellier* dresse la liste des installations réservées aux estivants sur les plages. L'article commence d'emblée par situer les W.-C. mobiles.

Dans son numéro de juillet 1990, *le Moniteur des travaux publics et du bâtiment* évoque, photo à l'appui, dans ses échos consacrés à l'architecture, des sanitaires publics construits à Brousses, un hameau paisible de la Montagne noire dans l'Aude : « Un volume ovale couvert par une voûte translucide sur une simple dalle posée au sol. Les murs extérieurs sont construits en pierre et l'intérieur tapissé de céramique. »

Le Figaro magazine aborde le sujet avec beaucoup de circonlocutions. Jean-François Mongibeaux se fait larguer par hélicoptère sur le piton de la Fournaise, dans l'île de la Réunion, afin d'assister à la naissance d'un volcan.

Il raconte le spectacle hallucinant, la lave fumante, les fumerolles, la chaleur... Et avant de conclure son article, il écrit avec les précautions d'usage pour ne pas choquer le lecteur : « Si vous me permettez ce dernier détail, je ne peux résister à un besoin pressant et j'observe, les yeux ronds, la vapeur grésillante qui se lève entre mes pieds. »

En revanche, *Libération* en parle tout de go. Le quotidien n'hésite pas à militer en faveur des chiottes ! En avril 1989, par exemple, Gilles Millet retrouve, au milieu des réfugiés sahraoui, l'ancien guitariste du chanteur Bruce Springsteen qui a produit l'album *Born in the U.S.A.* Little Steven fait de la politique rock et épouse toutes les révolutions.

L'article commence ainsi : « " Le trou par terre, c'est les toilettes ? " L'Américain n'a visiblement jamais vu de W.-C. à la turque. Pourtant, c'est un voyageur. Il connaît même la France.

" Il n'y a pas de papier ?! " Non, mais il y a de l'eau et les toilettes sont exceptionnellement propres. A mille kilomètres au sud d'Alger, en plein désert, c'est déjà pas si mal. L'Américain n'en est pas convaincu. Il en reste si perturbé qu'il attendra quelques jours et des toilettes « normales ». Little Steven découvre l'Afrique du Nord. »

Voilà donc l'un des aspects de la vie quotidienne, auquel est confronté le guitariste, montré sans détour et retenant d'emblée l'attention du journaliste.

Signe des temps. La publicité commence à montrer l'endroit maudit. Dans sa campagne « buvez, éliminez », Vittel retourne aux sources et à son message originel. Fini la gymnastique contraignante. Cette fois, la star est un joli petit cabinet de jardin, tout blanc, avec un cœur en guise de lucarne et posé au milieu d'une nature verdoyante. Le mot « besoin » du slogan « on a tous besoin de Vittel » s'inscrit juste au-dessus de l'abri charmant : « C'est un crime de ne pas illustrer la vertu spécifiquement diurétique de Vittel qui est de faire " pisser ", explique Alain Laurens, le directeur de création dans une interview à *Média.* On a fait une campagne simple pour montrer la chose la plus naturelle qui soit. Personne n'est choqué. Au contraire, les gens sont reconnaissants qu'on leur parle de cette façon. Ce parler vrai est le langage des années 90... En disant " pissez mieux " et en le disant de cette manière naturelle, on donne un sacré coup de vieux à la plupart des campagnes de nos concurrents. »

Un slogan en forme de jeu de mots et un W.-C. également pour la campagne publicitaire du sanibroyeur S.F.A qui peut s'installer n'importe où : « Voici le petit coin qui trouve sa place dans tous les recoins, même s'il n'a pas de coin. » Un homme lit le *Journal du coin,* en costume noir, assis sur un sanibroyeur tout blanc. Pudeur oblige, il a gardé son pantalon.

Mais en aucun cas, dans la presse dite convenable, un dessinateur ne pourrait représenter un personnage audessus de tout soupçon, assis convenablement dans cette position. Pour Plantu, la difficulté réside dans le fait d'être drôle, mais ni grossier, ni vulgaire. Il se souvient d'un dessin de Konk que *le Monde* n'a pas publié : « Il montrait François Mitterrand assis sur un siège. On imaginait une meute de journalistes à ses trousses actionnant la poignée de la porte car on voyait cette dernière bouger. »

La littérature enfantine commence à dévoiler « le petit coin ». C'est le titre d'un livre paru dans la collection « Folio benjamin ». Catherine Dolto, également, se devait d'en parler. C'est chose faite avec *Propre* paru chez Hatier : « Quand on est propre, dit une petite fille assise sur la cuvette, on va tout seul aux cabinets. Au début, on appelle une grande personne pour nous essuyer. »

Pourtant, la fiction est encore loin de la réalité. En Grande-Bretagne, Miss Wendy Henry, l'ancienne rédactrice en chef de *People* l'a oublié l'espace d'un instant, ce qui lui a coûté son poste. Elle a osé publier – à la Une – deux photos en couleur du petit prince William, le fils de lady Di et du prince Charles, héritier du trône, en train de faire un petit « pissou » dans l'un des parcs de Londres, le Notting Hill Gate.

Tableau charmant qui a pourtant fortement déplu au magnat de la presse Robert Maxwell, propriétaire du titre et qui ne plaisante pas avec les valeurs familiales et puritaines. Miss Henry a été licenciée sans coup férir.

Toute pudibonderie mise à part, il faut pourtant bien admettre que les grands de ce monde n'échappent pas à la loi de la nature, qu'ils soient ou non de sang royal. Philippe de Villiers, président du Conseil général de Vendée, raconte l'épisode le plus délicat qu'il a vécu en tant que secrétaire d'État à la Communication dans le gouvernement de Jacques Chirac : « Comme tout le monde, un ministre a des besoins. Vous partez, un jour, de Saint-Denis-la-Chevasse jusqu'à Meschers-sur-

Gironde pour un festival, soit sept heures sans vous arrêter. D'abord la voiture, ensuite la cérémonie, le spectacle et il ne s'agit pas de dire : " J'ai un besoin. " Alors, dans la voiture, à une heure de l'arrivée, précédé des motards de la gendarmerie, de la voiture des renseignements généraux, de la police, bref de toute la caravane..., j'ai dit à mon chauffeur :

– Il faut s'arrêter.

– Pourquoi?

– Pour me soulager.

– Attendez, il faut que je prévienne les motards par radio.

Et je l'entends :

– Allô, de Charlie autorité à Papa 44, on s'arrête dans un petit coin. Motif?

Il se retourne vers moi. Le préfet, assis à mes côtés, m'aide et s'adresse au chauffeur :

– Dites-leur que c'est pour éliminer...

Et le motard, qui ne doit pas regarder la publicité à la télévision, lui répond :

– Et c'est pour éliminer quoi?

Le préfet s'énerve :

– Un arbre, dit-il.

– Allô, de Charlie autorité à Papa 44...

Et le motard qui ne devait pas savoir que j'écoutais la conversation rétorque avec l'accent de la Gironde :

– Je vais lui apprendre, moi, au secrétaire d'État ce que c'est qu'un water-closet...

On trouve un petit coin où l'on s'arrête. Je choisis un arbre et me dirige tout droit vers lui. A ce moment-là, le préfet sort de la voiture puis se décoiffe, comme pour un dépôt de gerbe. Je suis encadré par les deux motards de la gendarmerie, par les inspecteurs de police qui contournent le buisson, " au cas où il y aurait un guet-apens "... Le moment est solennel!

Et alors, que se passe-t-il?

Rien...

Car un secrétaire d'État qui se trouve dans cette situation subit un blocage hydrostatique... »

Prendre ses précautions... Nos mamans avaient raison de nous mettre en garde. Les hommes politiques, plus que les autres, connaissent la valeur de cette recommandation. Ils ne doivent jamais laisser passer une occasion de se soulager pour ne pas avoir à en formuler la demande. D'ailleurs, l'entourage de Jacques Chirac affirme que le maire de Paris ne se lasse pas de dire aux jeunes qui entrent dans le sérail : « En politique, on boit, on pisse et on c..e quand on peut. »

Il est vrai que faire de la politique exige un très bon estomac et une très bonne vessie. Imaginez, par exemple, le président de la République française invité à la table du roi d'Espagne ou à celle de Mikhaïl Gorbatchev, pris d'une soudaine envie d'assouvir ses besoins... Est-ce qu'un président peut se permettre de demander à son hôte de s'absenter quelques instants? Est-ce que le chef du protocole peut aux yeux de tous le conduire aux toilettes? Non, bien sûr... Alors, il évitera de prendre un whisky, boisson diurétique comme tout le monde sait ou bien de grappiller du raisin. D'une façon plus générale, il sait ce qu'il doit manger et boire. Il donnera en public, à ceux qui l'observent, l'impression d'avoir un appétit d'oiseau.

Son attitude dépend également des festivités organisées à son intention. Si elles doivent durer longtemps, il résistera à toutes les tentations gastronomiques. Il s'agit de ne pas prendre de risque. Si le dîner doit être suivi d'une pièce de théâtre et d'une réception, jeûne et abstinence. S'il est prévu qu'il aille se coucher tout de suite après, il s'offrira quelques fantaisies.

En revanche, un président possède plus de liberté de manœuvre s'il reçoit chez lui ou, à l'étranger, dans une ambassade française.

A l'Élysée, il connaît les lieux, il n'a pas à les demander. Cela lui arrive de s'absenter sans que personne ne s'en aperçoive. Il peut très bien s'éclipser quelques instants après s'être éloigné au bras d'un conseiller, Jacques Attali, par exemple. Personne ne devinera le pot aux roses. Un chef d'État est tellement sollicité qu'il a toujours quelque affaire urgente à régler et, en l'espèce, il s'agit bien d'une affaire urgente! Dans ce cas, il peut se laisser aller à dévorer.

Les négociations d'État à État, toujours difficiles, ne doivent pas être polluées par les petits soucis de la vie quotidienne. On n'imagine pas François Mitterrand être agacé par une tache sur sa cravate... Il n'a pas non plus à se préoccuper de l'endroit où il pourra se laver les mains. Là encore, officiellement, l'entourage du président de la République ne prononce jamais les mots de toilettes ou de W.-C. C'est fou ce qu'un président de la République peut avoir comme occasions de se laver les mains au cours d'un voyage officiel. Bel exemple d'hygiène!

Il incombe au service du protocole de prévoir des temps qualifiés de repos, avant ou après un discours par exemple, pour lui permettre de parer au plus pressé. On peut très bien installer d'ailleurs, pour que l'honneur soit sauf, une pièce de repos jumelée avec des toilettes.

A ce moment-là, son aide de camp n'est pas loin de régner. Ils ne trônent pas ensemble, ne rêvons pas! Mais le commandant, âgé d'une quarantaine d'années, se trouve toujours à proximité du chef de l'État car il transporte la mallette qui permet d'être en liaison directe avec les militaires à même de déclencher la force de frappe française. Illustration qu'il n'est pas de grand homme pour son valet de chambre, comme l'a dit Sacha Guitry.

Comme les autres, cette pièce de repos va être passée au peigne fin. Lorsque les cabinets ne sont pas à la hauteur de l'auguste président, ils sont réaménagés. Mais on ne peut ni prévenir ni résoudre toutes les contingences matérielles... L'Histoire avec un grand H ne retiendra rien de cet épisode franco-allemand qui vaut pourtant son pesant d'or. Voici donc pour la petite histoire...

Le vendredi 22 juin 1990, à trois jours du conseil européen de Dublin, François Mitterrand et Helmut Kohl se rencontrent à Assmannshausen. Comme la coutume le veut après ce type d'entretien, le chef d'État français et le chancelier ouest-allemand donnent une conférence de presse. Les deux hommes s'assoient dans deux fauteuils en osier, côte à côte. Helmut Kohl, visiblement pressé, prévient tout de suite les journalistes qu'ils ne pourront poser que trois ou quatre questions.

Tous deux exhortent leurs partenaires occidentaux à aider économiquement l'U.R.S.S. Le chef de l'État, toujours lyrique, souligne, à plusieurs reprises, la nécessité « urgente » de cette aide que, dans son entourage, on apparente à une assistance humanitaire.

Le chancelier, visiblement sur la même longueur d'onde, lui prend à plusieurs reprises le bras comme pour le soutenir et pour acquiescer. Décidément, pensent les journalistes, qui trouvent le tableau touchant, l'entente franco-allemande reste au beau fixe. Les deux hommes s'entendent bien et cherchent à faire front commun depuis quelques mois.

Helmut Kohl attend la fin d'une phrase prononcée par son homologue François Mitterrand pour donner congé à la presse en disant : « Messieurs, ca suffit. » Il chuchote quelque chose à l'oreille de l'interprète, et s'en va, laissant le président tout seul; ce dernier esquisse quelques pas vers le Rhin.

Tout le monde pense tout bas que l'emploi du temps du chancelier doit être extrêmement chargé et minuté, voire « secondé », à une semaine seulement de l'union économique et monétaire des deux Allemagne. Elle doit intervenir le 1er juillet. Ce qui explique aux yeux de tous qu'il abandonne un peu vite le président français.

Un journaliste en fait la réflexion tout haut au porte-parole allemand qui s'exclame : « Pas du tout, il est allé chier. » (en français dans le texte!). Ce qui suppose de la part de cet homme une connaissance parfaite de la langue française, car le verbe « chier » n'a pas toujours eu la connotation vulgaire et populaire qu'on lui connaît aujourd'hui.

Ce que les journalistes avaient pris pour de la sollicitude envers le président français n'était en fait qu'un appel urgent à abréger son intervention pour assouvir des besoins qui l'étaient tout autant.

La réponse sans ambages du porte-parole allemand n'a rien d'étonnant: les Allemands n'ont pas d'état d'âme sur ce sujet. Lorsque l'on assiste à des réunions du fabricant Villeroy et Boch, on peut se demander si la société fabrique les mêmes produits selon que l'on se trouve en France ou outre-Rhin.

Les Allemands examinent les nouveaux modèles sans détour. Ils les critiquent et les testent. Ils agissent comme avec n'importe quel autre produit qu'ils doivent commercialiser en lui donnant le plus d'atouts possible. Les Français, honteux, tournent autour du pot! Chez Jacob Delafon, on s'étonne même que l'on puisse consacrer tout un livre à ce noble sujet.

Lorsque vous rendez visite à la Fédération des fabricants de céramique, vous en arrivez à vous demander si vous ne vous êtes pas trompé d'adresse. Dans le salon d'attente, vous ne verrez que des objets exposés dans des vitrines, des assiettes en céramique, par exemple. Mais de cuvette, point!

Finalement le seul W.-C. exposé au public se trouve au musée des Arts décoratifs à Paris. Encore ne l'est-il pas de façon isolée. Il fait partie de la superbe salle de bains en marbre d'Hauteville de Jeanne Lanvin. Dans le texte de présentation, le conservateur décrit minutieusement tous les éléments de la pièce, bidet compris, sauf lui.

François-Xavier Lalanne a eu du mal à comprendre quelle mouche avait piqué, en 1966, les organisateurs du salon de mai, à Paris. La veille de l'ouverture, sa mouche-chiotte trônait superbe et majestueuse à l'entrée de la manifestation. Le lendemain, les organisateurs l'avaient chassée et reléguée en dehors de l'enceinte du salon. Elle était devenue pestiférée. On avait frôlé le scandale scatologique. Représenter une cuvette sous forme de mouche à merde, et puis quoi encore! Pourtant, quelqu'un de non averti aurait pu la prendre pour une simple sculpture : cuvette en porcelaine bleu nuit, lunette en palissandre de Rio, ailes en altuglas, abattant en laiton platiné; François-Xavier Lalanne avait pensé à tout. Même au livre qui se glisse dans l'épaule pour ne pas s'égarer, même au papier toilette que l'on range dans la tête. Mais il était coupable d'avoir imaginé que l'on pouvait se servir d'une œuvre d'art.

Aujourd'hui, la mouche exclue repose dans l'un des hangars du jardin de sa maison, tranquille et désabusée. Son crapaud-chiotte a eu un destin plus glorieux. Il vit sa vie dans la chambre d'une maison grecque.

Que dire d'une mouche-chiotte... Que dire de pots de chambre vendus de nos jours le plus respectueusement du monde dans des ventes aux enchères ou chez des antiquaires, et que certains collectionnent? Qu'ils ont le privilège de l'âge? Qu'ils bénéficient de l'absence d'émotion propre aux objets bruts, figuratifs, et sortis de leur contexte, à l'abri de toute intervention humaine, comme l'urinoir de Duchamp, et la cuvette de Francis Bacon?

Maintenant, mettez-y un homme ou une femme et c'est le scandale assuré, comme celui de la rockstar Frank Zappa, qui s'était avisé de poser, le temps d'une pochette de disque, assis sur des chiottes. Un véritable tollé dans le milieu pourtant réputé exhibitionniste du show-biz.

En 1968, année de toutes les provocations, les Stones sortent l'album *Beggars Banquet.* Pochette en forme de carte de visite, blanche comme le carré de la censure. Et pour cause, la maison de disque Decca, raconte Jean-Claude Gambert, spécialiste ès-Stones, avait refusé de laisser figurer des toilettes publiques et leurs graffitis en couverture. Les Stones se fâchent, créent à la suite leur propre maison de production (rachetée depuis par CBS) et finissent par sortir vingt ans plus tard la fameuse pochette maudite – en disque compact.

De la provocation à la dérision, il n'y a qu'un pas que Frédérique van den Waal, 22 ans, 1,78 m, 91-62-91, n'a pas hésité à franchir pour la revue *Photo* de mars 1990, consacrée aux « plus belles filles du monde ». Top model en vue, Frédérique a choisi de poser, pour le photographe Antoine Verglas, assise sur la cuvette de ses W.-C. de New York, en peignoir, une cigarette entre les doigts, un journal ouvert à ses pieds. « Parce que c'était drôle », précise la légende.

L'image des toilettes comme support du comique, on la retrouve au cinéma. Dans *Embrasse-moi vampire,* où le réalisateur accorde autant de place aux W.-C. qu'aux vampires, au rire qu'à la peur, le premier sert à neutraliser la seconde. « Où suis-je ? », demande le jeune cadre qui découvre dans la glace qu'il n'a plus de reflet – et s'est donc transformé à son tour en vampire. « Vous êtes aux chiottes », lui répond-on de l'un des cabinets. « Et si vous ne pouvez laisser les gens tranquilles faire ce qu'ils doivent faire, sortez ! »

Et lorsqu'elles ne font pas rire, les toilettes cinématographiques symbolisent volontiers le décor des petites gens. Dans *Family Business* de Sidney Lumet, Sean Connery, grand-père cambrioleur malchanceux, nous fait découvrir les sanitaires sinistres des garnis guère plus reluisants que ceux de sa maîtresse. La caméra les saisit dans leur plus simple appareil! Indicateurs d'un niveau de vie très médiocre.

La Femme de Rose Hill d'Alain Tanner va plus loin encore, jusqu'au sordide : la première étreinte entre Julie, magnifique Mauricienne et son prince charmant, très fils à papa, se fera devant une cuvette blanche et nuptiale, bien concrète, bien pragmatique, indiquant à chacun sa place. Enceinte, Julie aura tout le loisir de découvrir les limites de son chevalier servant et finira par quitter le pays qui les rejette, elle et son enfant.

Passons du sordide à la folie avec *Sexe, mensonges et vidéo* de Steven Soderberg : « Où sont les toilettes ? » demande tout à trac le héros à la jeune femme qui lui ouvre la porte, épouse craquante à souhait d'un ancien camarade de classe. Pour le moins surprise par la question, elle lui indique néanmoins les lieux, mais le voit revenir bredouille. « Vous n'avez pas trouvé ? », s'inquiète-t-elle. « Ce n'était pas le moment », répond-il, pour se reprendre presque aussitôt : « Maintenant, c'est le moment ! »

Car il n'y a guère qu'un névropathe, ou un voyeur pour oser parler de ces choses et névropathe et voyeur le héros de *Sexe, mensonges et vidéo* l'est. Pas de risque donc d'identification possible entre lui et nous.

Fou, il faut l'être pour parler de W.-C. et même tout droit sorti d'un asile psychiatrique comme l'amoureux d'*Attache-moi* de Pedro Almodovar. Fou pour suivre la jeune actrice séquestrée jusque dans les toilettes et faire couler l'eau froide du robinet pour lui venir en aide lorsqu'elle « n'y arrive pas ».

Quoi qu'il en soit, même travesties par la folie de leurs acteurs, ces scènes ne permettent pas pour autant au cinéma de franchir toutes les censures. Interviewé en Espagne, lors de la sortie du film, Pedro Almodovar reconnaît que cette scène pourrait choquer notamment les Américains qui, selon lui, n'hésiteraient pas à la supprimer s'ils achetaient le script pour en tourner leur propre version.

Non, décidément, le cinéma ne parvient pas à concilier le lieu... et l'action. Dans *Né un 4 juillet* d'Oliver Stone, Tom Cruise, blessé au Viêt-Nam et paralysé, vide sa poche dans la cuvette avec pour effet qu'on croirait qu'il pisse de la hanche. Dans *Allô Maman, ici bébé* ou *Hall that jazz* de Bob Fosse, femmes enceintes et émotifs vont y vomir. Mais pisser, déféquer, jamais. Tinto Brass bat en la matière tous les records : *Caligula, Capriccio, la Clef, Miranda,* quatre films où les héros urinent par terre, dans la nature, dans une contre-allée en pleine ville, et même dans un radiateur de voiture brûlant, mais jamais dans une cuvette.

A ce contre-emploi Vincenot offre une première interprétation dans *la Billebaude.* L'homme de la terre, qu'il est, trouve les W.-C. indignes de nous. Ils sont, pense-t-il, l'expression même de notre indécente modernité : il y est pratiqué quotidiennement, écrit-il, un gaspillage effroyable des « excréments » qui sont de « l'or qu'il est criminel de laisser perdre ». Et il n'est donc pas « étonnant que tout augmente, puisqu'on chie maintenant dans de la porcelaine ».

Soit! La modernité ne nous épargne rien. La publicité sur le P.Q., les nettoyants pour cuvettes, les couches--culottes font la Une de notre quotidien télévisuel ce qui, assurément, tue la poésie et la pudeur, se plaisent à nous rappeler les deux féroces chroniqueurs de *la Stampa* que sont Fruttero et Lucentini dans *la Prédominance du crétin:* « Sous le prétexte de l'hygiène et de la santé, la publicité télévisuelle allait balayer toute retenue. Et nous prévîmes que cette opération, délicieusement commerciale, allait être cependant ennoblie au niveau théorique par de nombreux idéologues aguerris de l'absorbant et du rouleau ultra-moelleux. » Dont acte.

Après tout, les idéologues des W.-C. et du papier toilette valent bien les nombreux timorés qui, de la vie quotidienne au théâtre, prennent ces endroits pour des lave-mains, pour le lieu de prédilection du crime ou pour un placard dans lequel on range livres, boîtes à cirage ou balais-brosses.

Ne nous cachons plus derrière notre petit doigt. Évoquer les « chiottes » est choquant. Il y aurait là comme quelque chose de sexuel qui nous empêcherait d'en parler sans détour. « Chier, déféquer, excréter, sont-ce des synonymes de jouir ? » se demande d'ailleurs don Rigoberto, qui nous donne dans *l'Éloge de la marâtre* de Mario Vargas Llosa une spectaculaire leçon « d'ablutions » : « Oui, pourquoi pas ? poursuit-il, à condition de le faire lentement et en se concentrant, en dégustant la chose sans la moindre hâte, en s'attardant, en imprimant aux muscles de l'intestin un doux ébranlement soutenu. Il ne fallait pas pousser mais guider, accompagner, escorter gracieusement le glissement des oboles vers la porte de sortie. »

Nous y voilà ! Il existerait comme une similitude entre un W.-C. et le corps humain ; il y aurait par exemple dans l'un comme dans l'autre une porte d'entrée et une porte de sortie, deux orifices par lesquels nous ne sommes pas près d'évacuer tous les interdits.

II

Une vie de chiotte

> « Vers douze ans, j'inventai des mortifications : enfermée dans les cabinets – mon seul refuge – je me frottais au sang avec une pierre ponce, je me fustigeais avec la chaînette d'or que je portais à mon cou. »
>
> Simone de Beauvoir

Pas besoin de toise. Dans ce lieu, Françoise Dorin prend conscience que son petit-fils grandit. Elle habite Paris et ne voit qu'épisodiquement Thomas, qui vit en Bretagne : épisode de la couche pour le nourrisson, du pot vers 18 mois, de la cuvette anglaise où il fallut l'aider à s'installer plus tard. Épisode enfin du « laisse-moi, je fais tout seul debout, la porte fermée, comme les grands ». Ce jour-là, il avait 3 ans. Elle comprit qu'il devenait un petit homme.

Aujourd'hui, dans la chronologie, la couche jetable sert de premier W.-C. aux Français. Pampers a fait des émules. Le fabricant tient compte de leur morphologie et propose des couches adaptées aux petites filles et aux petits garçons. En revanche, Naf-Naf n'a pas gagné son pari d'habiller les bambins de couches multicolores, car l'hygiène aujourd'hui ne peut avoir qu'une seule couleur, le blanc.

Au début du siècle, dans certaines provinces reculées, en Bretagne par exemple, on élevait les bébés dans le son. Il leur tenait chaud. On le changeait et on le jetait ensuite lorsqu'il était sale, comme une litière pour chats. Les Japonais, encore aujourd'hui, ont gardé la tradition des couches en tissu dans les grandes villes où s'est développé un service de nettoyage à domicile, sur le modèle de la distribution des bouteilles de lait en Grande-Bretagne. Les enfants chinois, eux, portent des pantalons fendus et ils n'ont qu'à s'accroupir. Que ce soit dans la rue ou à l'intérieur des maisons, les parents passent derrière pour nettoyer. Il existe même des berceaux dont le fond comporte un large trou à la hauteur des fesses.

Un enfant met parfois plusieurs mois à comprendre ce que l'on attend de lui lorsqu'on l'assied sur un pot mais il y parvient à coup sûr lorsqu'il réalise qu'il s'agit de sa réussite et non de celle de ses parents. Ce qu'il y dépose constitue le premier cadeau offert à la mère : il est seul maître à bord, en décidant de se retenir ou de pousser.

C'est sur un pot qu'il commence à utiliser ses propres forces et à réaliser sa propre puissance car il distingue sa volonté de celle des autres. Les fantasmes s'organisent pendant cette période d'activité intense : il faut une dose d'énergie considérable à un enfant pour déféquer; les médecins appellent cela « les grands travaux ».

Déjà, en comprenant qu'il est maître de ses selles, il pourra devenir mégalomaniaque. Les graffiti laissés dans les lieux publics montrent les restes de cette précoce mégalomanie, le summum étant : « J'emmerde la moitié du monde et je chie sur l'autre moitié ». Au bout du compte, toute l'humanité est emmerdée!

Aujourd'hui, tout le monde s'accorde à dire qu'un apprentissage trop précoce de la propreté ne sert à rien. Mais il n'en a pas toujours été ainsi. Pour écrire *Poil-de-*

Carotte, dédié « à la mémoire du petit martyr de la rue Vaneau, » Jules Renard s'inspirait d'un fait divers authentique. On venait de retrouver la mère d'un petit enfant abandonné couvert de plaies. Celle-ci reconnaissait que l'enfant « ayant fait sous lui et trempé sa main dedans, elle la lui avait collée contre le poêle pour la faire sécher ».

Incontinent, Poil-de-Carotte l'est pour « protester contre les mauvais traitements psychologiques » que sa mère lui inflige. Enfermé la nuit dans sa chambre – sous prétexte de le protéger du noir dont il a peur –, l'enfant cherche inutilement sous son lit le *Pot* (c'est le titre de l'histoire) que sa mère a volontairement oublié de placer et qu'au matin elle restitue à son insu, lorsqu'il proteste. Franchement sadique, machiavélique, cette mauvaise mère en profite alors pour punir Poil-de-Carotte en lui faisant avaler une soupe à laquelle a été mêlée son urine.

C'est un cas extrême. Françoise Dolto dit néanmoins dans *Au jeu du désir* que « les enfants soumis à un dressage précoce ne présentent ni aisance ni grâce dans leurs mouvements. Ils sont apathiques ou instables, ne font preuve d'aucune adresse acrobatique ou manuelle fine. Ils parlent mal, ont un vocabulaire pauvre... »

Mais où l'installer, ce pot? Laurence Pernoud bannit le « pot ambulant qui doit, dit-elle, se mettre dans les toilettes ou dans la salle de bains et nulle part ailleurs; il ne faut pas mélanger les fonctions ». Souvent, les enfants que l'on installe dans la salle à manger, par exemple pendant le dîner ou le déjeuner des adultes, ont tendance par la suite à « se faire vomir » à la moindre contrariété. Comme si ces scènes répétées les humiliaient.

En revanche, les séances de pot collectives peuvent devenir un jeu, et les purges, si elles sont passées de mode, ont eu leurs adeptes. Dans *Récits pour Militza,* Marina Vlady se souvient : « Nous sommes une trentaine de tout-petits à nous traîner les uns derrière les autres, assis sur nos pots émaillés, obligés, à cause du lavement hebdomadaire, de rester confinés dans cette salle du bas de la grande maison qui abrite notre colonie de vacances. Ce rituel barbare, inventé par notre directrice " gurdjevienne ", adepte du nettoyage par le vide, est d'autant plus pénible que le menu, composé de rutabagas, de topinambours, amélioré de carottes et de navets, n'a pas de quoi causer d'embarras intestinaux. Mais à quatre ans, on invente le jeu spontanément : la course à pots de chambre devient vite bagarre». Personne, aujourd'hui, ne songerait à réintroduire ces séances d'huile de ricin ou de foie de morue, garantes dans le passé d'une bonne hygiène de vie.

Après les joies du pot, place à la cuvette des adultes. C'est le petit garçon à sa Mamma du film de Fellini *Amarcord* criant et triomphant du fin fond du couloir : « Mamma, l'ho fatto, l'ho fatto, Mamma! » – Ce que l'on peut traduire littéralement par « Maman, je l'ai fait! Je l'ai fait Maman! » Cri du cœur qui exprime un réel plaisir. Moment naturel (bruit à l'appui) évoqué également par Vittorio de Sica à travers le petit garçon d'*Hier, aujourd'hui, demain.*

Enfin, lorsque devenu grand, l'enfant peut se servir d'un W.-C. sans demander de l'aide, le monde lui appartient. Le petit garçon comprend qu'il peut imiter papa et choisir entre la position debout ou assise. « Le plaisir qu'il ressent à uriner debout, explique le docteur T. Berry Brazelton, spécialiste américain du développement psychomoteur chez l'enfant, est un stimulant réel pour se comporter comme son père, son frère ou un autre homme. Utiliser de manière ludique cette capacité nouvelle qu'il vient de découvrir l'amènera naturellement à s'intéresser davantage à son pénis et à se masturber. »

A l'inverse, toute entrave à son développement ou intervention brutale peut entraîner des troubles graves :

« Pour mes abominations, je me réveille un matin et me trouve enchaîné à un siège de waters en enfer. » Avec quatre millions d'exemplaires vendus dans le monde entier, *Portnoy et son complexe,* de Philippe Roth, établit un lien direct entre l'attitude de la mère hyperpossessive, castratrice, n'hésitant pas à tenir le pénis de son petit garçon lorsqu'il fait pipi, et l'enfant souffrant du « complexe de Portnoy » dont l'autoérotisme, le voyeurisme et bien d'autres troubles sexuels sont les manifestations. Autrement dit, il ne rate pas une occasion d'aller se masturber dans les toilettes et, plus grave, de tomber dans l'obsession à l'âge adulte.

Dès qu'un enfant marche, les toilettes deviennent pour lui un centre de jeux. Il s'amuse à jeter toutes sortes de proies dans la cuvette : jouet, petite cuillère, chaussure, vêtement qu'il regarde soigneusement tomber avant de s'empresser, quand il sait le faire, de tirer la chasse. Une fois vaincue son angoisse, il se demande où disparaît ainsi ce qu'il abandonne. Les responsables d'un musée américain pour enfant décidèrent un jour d'exposer un cabinet. Ils n'eurent pas à le regretter car ce fut le point de mire de l'exposition : les petits s'agglutinaient devant le graphique qui montrait où tout s'engloutit lorsqu'on tire la chasse. Un centre de jeux, sauf en cas de famille nombreuse et de W.-C. unique. Les souvenirs d'enfance d'Alex Metayer sont marqués par les tambourinements constants à la porte, de ceux qui attendaient leur tour. Ils étaient huit enfants et ce lieu lui a appris à penser aux autres.

Devenus adultes, ils pourront avaler, sans le vouloir, un bridge ou une dent et essayer de les récupérer par ces mêmes voies naturelles. Yves Mourousi, à qui cela est arrivé, a coutume de dire lorsqu'il s'absente pour aller aux toilettes : « Je vous demande de m'excuser, je dois aller faire un bridge... »

Sylvain Augier, animateur de *Faut pas rêver* sur FR 3,

s'en est servi comme d'un lieu de torture. Enfant, il passait ses vacances dans la maison de ses grands-parents, près de Toulouse avec tous ses cousins. Une famille nombreuse. Ses grands-parents ont mis au monde seize filles qui, elles-mêmes, n'ont pas été avares de progéniture. Et la maison ne comportait qu'un seul W.-C. au premier étage. Bien sûr, pas question d'y emporter Spirou, on y faisait suffisamment la queue comme cela : « Ce lieu permettait aux grands dont je faisais partie de montrer leur suprématie aux petits. C'est à nous qu'il revenait de faire régner la loi et l'ordre. Nous prenions les contestataires par les pieds et nous les plongions la tête la première dans la garde d'eau tout en tirant la chasse. Comble du supplice : le cabinet à clapet s'ouvrait quand l'eau arrivait. »

Les petites filles s'en servent souvent comme d'un lieu de confidences et s'y racontent leurs secrets. Plus grandes, elles apprendront à se méfier de ces murs qui ne protègent pas des oreilles indiscrètes. Tout le monde peut s'attarder derrière une porte fermée.

Les souvenirs d'enfance, faits d'odeurs, s'attachent souvent à ce lieu, comme l'évoque Jean-Paul Sartre dans *les Mots* : « Je n'ai pas oublié notre enfance commune : quand on m'offre un bonbon anglais, quand une femme, près de moi, vernit ses ongles, quand je respire, dans les cabinets d'un hôtel provincial, une certaine odeur de désinfectant, quand, dans un train de nuit, je regarde au plafond la veilleuse violette, je retrouve dans mes yeux, dans mes narines, sur ma langue les lumières et les parfums de ces salles disparues. »

Le photographe Robert Doisneau a immortalisé le charme des urinoirs disposés en rang d'oignon, le long du mur, sous le préau des écoles de la IIIe République. Nostalgie de l'école primaire de Jules Ferry, sa photo, devenue célèbre, est éditée en carte postale. Elle montre huit petits garçons de dos, devant des urinoirs, en position. Une colombe blanche s'est posée sur la tête de l'un d'eux; aucun de ces gamins de Paris ne semble vouloir bouger de peur qu'elle ne s'envole.

Mais la réalité des latrines scolaires n'emprunte rien à la poésie. Ce qui prime, c'est que les enfants ne s'y attardent pas. Voici en quels termes, un docteur décrit celles du collège royal de Lyon en 1846 : « Sous le rapport moral, ces lieux sont assez convenablement disposés pour qu'aucun des désordres à craindre ne puisse y être commis. On ne prend pas cependant, comme on l'a fait dans quelques établissements, de trop grandes et trop minutieuses précautions. En effet, des précautions exagérées et trop visibles peuvent étonner les enfants, les exciter à en chercher la cause, et, quand ils l'ont découverte, leur donner connaissance des choses qu'il importe de leur laisser ignorer. Mais on en prend assez pour que, lors même qu'ils auraient déjà la connaissance du mal, la crainte d'être surpris les empêchât de s'y livrer. Des cabinets qui sont voisins des lieux surveillés, des portes qui ne bouchent pas complètement l'entrée, qui laissent dans le haut et dans le bas des ouvertures par lesquelles celui qui se renferme dans ces lieux peut avec raison redouter d'être aperçu de plus ou moins loin, sont à notre avis, des précautions suffisantes. » Et après cela, on se demande d'où proviennent les mauvaises pensées des enfants...

Ce texte fait allusion, sans la nommer, à une pratique honteuse : la masturbation ! De tout temps une véritable hantise pour les parents et éducateurs : « Tu es resté onze minutes dans les lieux », dit dans *la Jument verte* de Marcel Aymé, le vétérinaire qui exerce sur sa femme et ses enfants une surveillance constante. « Ce qu'il aurait voulu, en fait, ajoute l'auteur, c'est pouvoir confisquer les sexes de ses garçons; plus tard, mariés et établis, il les leur aurait prêtés de temps en temps, une fois par mois et pendant cinq minutes. » Sans commentaire !

Où sont les toilettes?

Vouloir se livrer à ses charmes dans les toilettes des écoles relève du parcours du combattant. Grâce aux propos d'un autre médecin, quelques années auparavant, on imagine aisément l'état des lieux scolaires, après cette description : « Les nouvelles écoles sont aussi dégradantes pour le physique qu'elles étaient abrutissantes pour le moral (...). Si, presque partout, dans une rue ou un carrefour étroits, il y a une vieille maison sale, incommode et insalubre, c'est l'école. »

Plus près de nous, les parents de l'école primaire de Baslieux, près de Longwy, en Meurthe-et-Moselle, ont voulu protester contre la vétusté des cabinets à la turque situés à l'extérieur des locaux. Ils ont envoyé leurs enfants en classe, un pot de chambre sous le bras.

Aujourd'hui encore, de l'école à la faculté, ce lieu pèche par son état de délabrement et de saleté. Les architectes se montrent toutefois plus attentifs au traitement des toilettes dans les établissements scolaires. A croire qu'enfin ils se souviennent du temps passé, lorsqu'enfants, ils fréquentaient l'école.

Rien n'est plus attendrissant que de voir aujourd'hui s'aligner des urinoirs et des cuvettes miniatures. Les céramistes français ont adapté les équipements sanitaires à la taille des enfants. Mais les portes « style saloon » sont toujours de mise pour les empêcher de confier leur âme au diable.

François Foucard, journaliste et directeur de colonies de vacances pendant ses loisirs, surveille quotidiennement l'état des toilettes. Lorsqu'un inspecteur de la Jeunesse et des Sports arrive, c'est par là qu'il commence son inspection : « Dans les discussions que nous avons le premier jour, les moniteurs n'envisagent souvent que les problèmes d'ordre psychologique. J'insiste pour ma part sur trois choses essentielles : s'assurer que les enfants n'ont pas de poux, que leurs ongles de pied sont coupés et qu'ils vont aux toilettes. Certains d'entre eux deviennent constipés à cause des W.-C. à la turque. D'autres en revanche, quand ils n'ont pas l'habitude des cuvettes, s'accroupissent sur le siège jusqu'à tomber dedans. D'autres, enfin, se soulagent systématiquement à côté. Si l'on ne s'occupe pas de façon très stricte de l'hygiène des toilettes dans une communauté, très vite elles deviennent infectes. »

Petit déjà, le comportement des filles diffère de celui des garçons. Pour faire pipi, les garçons déboutonnent simplement leur braguette. Ils urinent de concert. Les filles, elles, dans tous les cas de figure, s'enferment. Le jeu consiste parfois à ce que l'une tienne la porte de l'autre qui s'affaire à l'intérieur.

Devenues femmes, elles refusent souvent toute notion de convivialité jusqu'à s'interdire parfois la simple évocation du lieu. C'est, par exemple, l'attitude incompréhensible de la grande conseillère du cœur et du sexe, Ménie Grégoire, qui, à deux doigts de l'apoplexie, explique que parler de W.-C. est une chose trop intime pour elle. Il semble que l'endroit les agresse, leur fasse peur et leur rappelle leur féminité.

Dans un endroit public, elles envoient parfois l'homme qui les accompagne en repérage. Comme si elles craignaient d'affronter les lieux... Quelle que soit l'hygiène, il leur permet de contrôler l'image qu'elles veulent donner d'elles. Les femmes s'y refont une beauté et s'en servent aussi pour changer de collant ou de tenue.

Nadia Comaneci a perdu la grâce éclatante d'autrefois, aux jeux Olympiques de Montréal, où la gymnaste remporta trois médailles d'or. La gloire trop jeune. Sa liaison avec le fils de l'ancien dictateur, Nicu Ceausescu. Sa fuite de Roumanie quelques semaines seulement avant la fin du régime communiste. Ceux qui l'ont récemment approchée à Los Angeles lui trouvent quelque chose de cassé. Encore jolie pourtant, elle ne se supporte plus, se considérant grosse et moche. Lorsqu'elle déjeune au restaurant, elle s'absente entre chaque plat pour se rendre aux toilettes. Elle en revient au bout d'un long moment, les yeux mouillés ou remaquillés. Soucieuse de l'image qu'elle donne aujourd'hui, elle éprouve le besoin d'aller sans cesse la vérifier. Sans tomber dans la phobie, les femmes aiment bien, il est vrai, aller se « repoudrer le nez », comme elles le disent d'ailleurs. D'où l'expression anglaise « powder room », littéralement « la pièce de la poudre ».

Sur le thème « Images de soi », la société Sopalin a organisé, à l'occasion du lancement d'une nouvelle gamme de distributeurs et accessoires pour l'hygiène des sanitaires, une exposition de photos, baptisée « Look ». Les artistes ont eu pour mission de photographier cet univers que Sopalin, en la personne du directeur de son département Industrie et Collectivités, voit « comme lieu d'accueil, d'attention raffinée... » Et l'on y reconnaît, prises sur le vif, de belles jeunes femmes « à la toilette », se regardant dans la glace pour se refaire une beauté avec ici et là, présents, un distributeur d'essuie-mains en papier ou de savon liquide.

Les femmes revendiquent des toilettes spécifiques et refusent de les partager avec les hommes. Cette différence fondamentale, les féministes l'ont comprise depuis longtemps. Pierre Joss, rédacteur en chef du *Guide du Routard* rappelle qu'en Irlande l'une des grandes militantes de la lutte républicaine, Bridie Makowski, s'est servie de cette revendication pour amener ses compatriotes féminines à rejoindre son combat : « A l'image de certaines Françaises devenues de gauche pour le droit à l'avortement, certaines Irlandaises rejoignent la lutte républicaine pour le droit aux toilettes pour femmes dans les pubs : nous sommes en 1970; elles obtiennent alors l'accès aux pubs. Les hommes l'acceptent mal. Ils vont leur faire « payer » cette avancée. Boire de la Guiness c'est une chose, l'éliminer en est une autre. Pour ce faire, elles doivent soit utiliser celles des hommes et dans ce cas fermer les yeux pour passer devant les urinoirs, soit se retenir. Étant entendu que se retenir lorsque l'on boit de la bière fait partie de l'enfance de l'art ! » La création de toilettes pour femmes dans les pubs deviendra ainsi un symbole de l'émancipation de la femme irlandaise.

Les toilettes représentent aussi pour la femme l'endroit où sa condition lui pèse le plus ; elle s'en sert pour mettre et enlever serviettes hygiéniques et autres tampons.

Dans *The Women's Room* (Toilettes pour femmes), la célèbre féministe américaine Marilyn French brosse, à travers un hymne à toutes les femmes, cette perception féminine du lieu. C'est dans des toilettes pour femmes que commence son roman : « Mira se cachait dans les toilettes pour dames. Elle les appelait ainsi, même si quelqu'un avait gratté le mot " dames " sur la plaque de la porte et écrit " femmes " au-dessous. Elle les appelait comme ça par trente-huit ans d'habitude et n'y avait jamais réfléchi avant de voir la biffure sur la porte. »

Ce sont les femmes et non les dames qui nettoient les chiottes de ces messieurs : « Pendant qu'elle lavait la cuvette utilisée par trois hommes, sans parler du sol et des murs environnants, Mira songeait, et apercevait la né-ces-si-té en face. Voilà pourquoi les femmes étaient plus saines que les hommes, n'avaient pas les raisonnements fous et absurdes que les hommes développaient : elles étaient en prise directe avec la nécessité, elles devaient laver la cuvette et les murs des W.-C. »

Puis ce moment magistral où l'un des personnages du roman, Val, femme à la verve dévastatrice, évoque de façon délirante les raisons cachées pour lesquelles l'administration masculine de Harvard met autant d'obstacles à l'ouverture aux femmes des cycles universitaires. La vraie raison est hygiénique, dit-elle : « Vous laissez des femmes entrer par la porte principale, et qu'est-ce qu'elles vous font? pif! pof! une grosse tache de sang menstruel dès le seuil. Partout où les femmes vont, elles font cela : pif! pof! Il y a des éminences de sang séché partout à la bibliothèque Lamont à présent : il y a des équipes de nettoiement spéciales payées pour bichonner les lieux. C'est une dépense! Et puis il faut faire des cabinets séparés. C'est encore une dépense et qui prend de la place! Mais qu'y faire, les femmes le veulent : pif! pof! »

Des cabinets séparés, pif! pof! cela n'enchante pas toujours les patrons. En octobre 1988, la très sérieuse Commission européenne de Bruxelles s'émeut d'une discrimination sexiste pas ordinaire. Certains employeurs refusent d'embaucher des femmes sous prétexte que leurs locaux ne disposent pas de toilettes spécifiques. C'est le cas, par exemple, de propriétaires de bateaux qui naviguent sur le Rhin. La Commission juge l'affaire importante. Les Eurocrates écrivent aux six pays incriminés pour leur demander des explications et la France reçoit la missive. Les réponses sont finalement jugées satisfaisantes par la Commission qui classe l'affaire.

A en juger par le théâtre, où les maris font le pied de grue à l'entracte pour attendre leurs belles, ou par les musées, où l'on fait la queue, les femmes se trouvent matériellement obligées d'y rester plus longtemps. Le journaliste, Joseph Poli, se souvient d'une remarque qui lui a semblé anodine, un soir de décembre, lors du concours de la chanson corse : « Il y avait dans l'assemblée quelques têtes connues dont la mienne. Je suis allé aux toilettes. Un monsieur attendait sa femme dans le couloir. Je suis sorti et j'ai vu qu'il voulait me dire un mot. On a toujours envie de parler aux gens connus. Et il m'a dit cette phrase stupide : “ Ah! les femmes, elles sont toujours plus longues que nous! " » Cette réflexion n'a en fait rien de stupide. Eh oui, les femmes sont plus longues! Les hommes y restent en moyenne entre 1 mn 24 s et 1 mn 53 s. Les femmes entre 2mn 33 s et 3 mn.

De cette inégalité est née aux États-Unis une revendication sur la conception des toilettes publiques. Barbara Hoffman, sénateur du Maryland, a demandé que, dans les lieux publics, le nombre de W.-C. pour femmes soit égal à celui des hommes, urinoirs compris. Elle a obtenu gain de cause : la loi s'applique à tous les nouveaux bâtiments depuis le 1er juillet 1990 : « Les hommes n'ont qu'à ouvrir leur braguette. Les femmes ont beaucoup plus de choses à faire. Ce n'est pas une question de physiologie. Elles s'habillent différemment et ont besoin de davantage de temps », explique Madame le sénateur qui précise : « Les femmes n'ont souvent pas d'autre choix que de rater le début du spectacle ou de prendre d'assaut les toilettes pour hommes. C'est ce qui s'est produit un jour au stade de Washington lors d'un match de football américain. »

Ruth Rudy défend, quant à elle, un projet beaucoup plus ambitieux : qu'il y en ait davantage pour les femmes. Ce représentant de l'État de Pennsylvanie argue du fait qu'elles y accompagnent leurs enfants et les personnes âgées. Et, outre son expérience personnelle, elle fait valoir que les États-Unis comptent trois fois plus de femmes que d'hommes âgés. La chambre des représentants de Pennsylvanie a voté sa proposition. Elle ne compte pourtant que 15 femmes sur 203 représentants.

Plusieurs États américains, ceux de New York, de Virginie et de Californie, ont augmenté leurs quotas de W.-C. pour femmes. Mais un universitaire américain vient jouer les trouble-fête en demandant que l'on fasse table rase des vieux principes. Il défend la cause des toilettes publiques mixtes. « Elles sont bien unisexes dans les habitations privées », dit-il. Le débat reste ouvert...

Le temps que le personnel met à s'exonérer dans un W.-C. a toujours préoccupé les chefs d'entreprise. Voilà ce que l'on trouve dans le catalogue de la Société d'épuration et d'assainissement de la rue de Chateaudun à Paris, dans les années 30 : « Pour les cabinets d'aisances pour collectivités, des installations insuffisantes et mal disposées font perdre du temps... Un ouvrier peut perdre 8 à 10 minutes, à chaque usage de W.-C. Faites le calcul : c'est plus de 200 000 francs de perte par an, pour une usine de 1 000 ouvriers. »

Eh oui, les employés vont au cabinet sur leur temps de travail. Passe encore d'y aller pour la bonne cause, mais que doit-on penser de ceux qui s'y enferment pour un usage autre? Le scandale a alimenté, plusieurs mois durant, les conversations du personnel et de la direction de l'entreprise Weill, à Besançon dans le Doubs.

Début novembre 1988, un cadre de l'entreprise se rend aux toilettes où, horreur et damnation, il entend deux personnes converser dans le même cabinet. Il alerte aussitôt les agents de maîtrise. Ils décident tous les trois d'attendre, montre en main, la sortie des deux employés. Jean-Louis Jeunnot et Jésus Soto ressortent au bout de dix minutes.

Rester ensemble dans le même cabinet, pendant plus de dix minutes, constitue pour la direction une faute passible de sanctions disciplinaires. Jean-Louis Jeunnot est licencié. Les syndicats décident de ne pas blâmer son collègue, délégué du personnel C.G.T. et ils partent en guerre. Ils affirment que l'on peut donner aux deux employés le bon Dieu sans confession : ils ne se sont pas enfermés ensemble; ils ont bavardé l'un devant un urinoir et l'autre dans un cabinet. La C.G.T. et Force ouvrière clament haut et fort qu'il y a des licenciements dans l'air, car l'un des ateliers doit être modernisé. La direction, disent-ils, leur reproche sans l'avouer d'avoir perdu des minutes précieuses sur leur temps de travail.

Dépôt bloqué. Manifestation dans la ville. L'inspecteur du travail s'en mêle. Direction, employés incriminés et intersyndicale signeront un protocole d'accord qui n'entérine aucune version des faits ! Les deux hommes sont mis à pied trois jours et acceptent leur mutation dans un autre service. On ne saura jamais le fin mot de l'histoire...

Il est vrai que les hommes aiment converser tout en s'acquittant de leur tâche. Souvent même, l'endroit les incite à refaire le monde. Il n'est pas rare d'en voir plusieurs dans les couloirs cheminer ensemble vers le lieu en question et y poursuivre leur discussion professionnelle. Un patron a souvent intérêt à laisser traîner ses oreilles du côté des toilettes pour prendre le pouls de ses employés puisque l'espace pousse à la confidence. A la confidence et au parler vrai... A tel point qu'André Santini, député-maire d'Issy-les-Moulineaux, estime que les toilettes de l'Assemblée Nationale sont un lieu de libre expression et de courtoisie, voire de consensus parfaits. « Ici, dit-il, les hommes politiques abandonnent la langue de bois dont ils ont usé et abusé quelques instants auparavant dans l'hémicycle. »

On prête les propos suivants tantôt à André Malraux, tantôt à Georges Pompidou. La scène se déroule dans un théâtre où l'un des deux hommes assiste à une pièce au côté du général de Gaulle. A l'entracte, ce petit monde se retrouve en train de se déboutonner devant les urinoirs. Et comme le silence n'est jamais de mise dans les moments pathétiques, le compagnon de toilettes du président français s'exclame, tête baissée :

« Quelle belle pièce, mon Général !

– Je vous en prie, mon cher, lui répond celui-ci, regardez devant vous ! »

Les hommes n'ont pas à se déshabiller et donc à révéler leur anatomie. Ils n'ont pas non plus à s'accroupir, dans une position avilissante. Ils pissent d'aplomb, debout, campés sur leurs jambes, en conquérant et en maître du monde, ce qui fait dire à Yann Piat, député du Var : « La politique, c'est le dernier espace social que la femme ait à conquérir, c'est encore un monde où l'on pisse debout. »

Ils aiment aussi, ce dont nous sommes privées, s'amuser à diriger leur jet. Pardonnez-moi de n'en rien savoir, mais on éprouve, paraît-il, un certain plaisir à viser un objectif que l'on se fixe soi-même. Le pied d'un arbre, la serrure d'une voiture (c'est même une façon de la dégeler les jours de frimas), le coin d'un porche ou la tache qui s'est incrustée dans la cuvette. A écrire son nom dans la neige, à pisser en l'air par-dessus un pont, à faire des ronds dans l'eau. Le romancier Pascal Jardin avoue qu'il se « sent poète quand il pisse dans un fleuve ». A jouer entre copains à celui qui pissera le plus loin, signe d'une très grande et très évidente virilité!

Pour eux, pisser a un aspect ludique, mais il faudrait leur apprendre à mieux viser. Querelle classique dans les couples où le monsieur distrait ou peu précautionneux laisse tomber la dernière petite goutte ou plus... à côté, sur le carrelage, ce qui exaspère madame. Elle aimerait exiger de lui qu'il pose son fessier, une façon de le mettre au pli.

Ce problème, les entrepreneurs le connaissent bien. Peu de temps après l'acquisition d'un appartement neuf, les épouses reviennent souvent se plaindre : « C'est inadmissible, vu le prix des logements à Paris, les joints du sol dans les toilettes jaunissent. » Ce à quoi l'entrepreneur répond invariablement : « Madame, nous n'y sommes pour rien, ce n'est pas notre faute si votre mari pisse à côté. »

La goutte peut être fatale au pantalon. Elle tombe toujours trop tard et concourt aux difficultés de l'existence de l'homme. Moralité, comme le dit Pascal Thomas dans *le Poème de l'élève Milcowski,* le court métrage qui a servi de brouillon aux *Zozos:* « On a beau se la secouer, il reste toujours une goutte pour le pantalon. »

Certaines femmes n'apprécient pas que l'être aimé se serve du lavabo. Une exaspération qui peut tourner au drame. Ainsi, la cour d'assises des Yvelines a condamné Simone G. à cinq ans de prison, dont quatre avec sursis, pour avoir tué son mari à qui elle reprochait d'uriner dans le lavabo de leur salle de bains. Un soir de beuverie, après une nouvelle dispute, et alors qu'il réitérait son geste maudit, elle décida de le punir pendant qu'il officiait. Elle lui planta un couteau de cuisine dans la fesse droite et le coup lui sectionna l'artère fémorale.

Les acteurs aussi aiment parfois pisser dans les lavabos des loges de théâtre. Francis Perrin agit ainsi par superstition pour conjurer le mauvais sort. Façon féline de marquer son territoire pour cet homme astucieux, grand buveur d'eau, qui possède quatre W.-C. chez lui.

Parmi les manies communes aux hommes et aux femmes, il y a le réflexe conditionné : la cigarette, le verre d'eau, le café, les retours de voyage. Et hop! direction : le fond du couloir à gauche. Il y a aussi l'arrivée dans un restaurant ou le moment précis d'en partir... Ceux qui s'y précipitent à peine entrés veulent arriver vierges à table. Ceux qui ne peuvent pas sortir sans y passer se débarrassent de tout ce qu'ils ont pu accumuler d'émotions au cours du repas. Un stress intestinal, lorsque l'on redoute l'autre et la rencontre avec l'autre. Une manière de se vider qui correspond à un désir de se purifier.

Sportifs et artistes ressentent cette envie lorsqu'ils entrent en scène. Dans les tournois de tennis, Henri Leconte aime arriver dans les vestiaires bien avant l'heure, histoire de se mettre en condition et de se concentrer. Mais, au moment précis où l'arbitre lui demande d'entrer sur le court, le tennisman se lève pour... les W.-C. Emilio Sanchez fait de même.

Heureusement, les toilettes des courts, Roland-Garros y compris, jouxtent l'entrée sur le terrain. Il s'agit de ne pas perdre de temps, d'autant que si les tennismen éprouvent le besoin de se soulager durant le match, ils n'ont que quatre-vingt-dix secondes pour l'assouvir. Se retrouver derrière la porte, chronomètre en main, à surveiller que le temps réglementaire ne soit pas dépassé, n'offre qu'un intérêt très limité pour l'arbitre, comme l'explique Jacques Dorfmann. Une seconde de plus, rien qu'une, peut être fatale aux joueurs...

Jacques Dorfmann se souvient d'une rencontre d'un interclub entre Metz et Beaulieu. Il s'agissait d'un double décisif car les deux clubs étaient à égalité, quatre partout. L'un des joueurs portait un nom prédestiné qui allait lui coûter la rencontre : Alain Vayssait. Souffrant d'une cystite, il interrompt le match et met plus de quatre-vingt-dix secondes à se soulager. Ses adversaires de très mauvaise foi, invoquent le règlement et, ainsi, remportent la victoire...

Raymond Devos est connu pour être réglé comme du papier à musique, sur moins cinq. A moins cinq d'un récital, d'une interview, d'une émission de télévision ou de radio..., il se rend aux toilettes. Il se débarrasse de ses impuretés par respect pour son public, mais cette manie lui a déjà joué plus d'un tour.

Invité dans l'émission *Pollen*, il arrive, comme de coutume à l'avance au Square, le bar parisien où elle se déroule, pour prendre la température de l'air ambiant. 21 h, l'heure des infos. Puis, place à l'indicatif. Jean-Louis Foulquier lève le nez pour s'adresser à Raymond Devos mais... de Devos, nenni. Le siège est vide. L'artiste s'est volatilisé. Jean-Louis Foulquier se dit qu'il n'y a qu'un endroit au monde où il peut se trouver en pareille circonstance.

En effet, Devos est aux cabinets. Et voici comment il raconta ensuite l'histoire en direct sur France-Inter : « Je me suis enfermé dans les cabinets. J'aurais dû prendre mes précautions, me direz-vous, mais on ne peut pas tout prévoir. Alors, j'arrive ici. Je vais tranquillement aux toilettes. Non, c'est irritant. Je ne vous dis pas ce que je voulais y faire, ça me regarde. Je ferme le truc forcément. Et je vais pour sortir, ça restait toujours occupé. J'ai essayé deux, trois fois d'ouvrir.

Dans ces cas-là, on a l'air ridicule, on est presque dépersonnalisé. Très vite, on ne sait même plus qui on est. Je me suis rassis deux minutes pour reprendre mon souffle. J'ai écrit quelques phrases sur un bout de papier pour noter les idées qui me venaient en tête. On ne sait jamais, ça peut toujours servir pour un sketch... Et je me suis mis à frapper comme un fou sur la porte, comme un damné. J'ai tapé. Je criais : " C'est Devos ! " On ne venait pas m'ouvrir pour autant. J'entendais résonner dans tout l'établissement. Et puis une petite voix au lointain :

– Qu'est-ce que c'est ?
– C'est le plombier. J'ai dit, c'est Devos !
– C'est cela, et pourquoi pas le pape ?
– Si, si, je vous assure, c'est Devos !
– Qu'est-ce que vous faites là ?
– *No comment,* permettez. Je fais l'émission.
– C'est pas ici. Eh bien, sortez !
– Je ne peux pas. Je suis coincé.
– Restez là, je vais aller chercher du renfort.

Vous savez, quand on passe son temps à courir, c'est horrible de rester enfermé dans un petit coin... Alors, mesdames, messieurs, retenez-vous. Finalement, je vous conseillerai même de ne plus jamais y aller, ce sera plus simple ! »

Raymond Devos ne prend peut-être pas la mesure exacte de sa recommandation. Ne plus y aller, c'est pour l'être humain le commencement de la fin. Comme les enfants, les vieillards perdent la maîtrise de leur corps. Comme eux, ils portent des couches. Comme eux, ils ne peuvent s'y rendre seuls. Il faut les y accompagner et la boucle est bouclée.

San Antonio a sa manière bien à lui de raconter la chose dans *la Vieille qui marchait dans la mer.* Une vieille dame indigne qui « s'offre » un jeune maître-nageur et l'installe à ses côtés. Mais elle, qui fut jeune, riche, entourée d'amants, ne peut empêcher l'âge de l'avilir, et de se laisser prendre en charge par Lambert : « Il est temps d'aller aux toilettes, Milady, venez, je vais vous accompagner. »

Vers la soixantaine, les hommes doivent se rendre souvent aux toilettes, prostate oblige. Guy d'Urbec, élu en 1978 plus jeune sénateur du Var raconte sa première visite au Sénat : « J'étais un peu impressionné, comme peut l'être un petit nouveau, quand l'huissier m'a dit : “ Pour les toilettes, ne vous inquiétez pas, c'est là. Vous ne pourrez pas vous tromper, la moquette est toujours neuve à la hauteur de la porte. On la reconnaît tout de suite à sa couleur. Vous comprenez, il y a une différence de ton, car, avec l'âge et la prostate, on est obligé de la changer tout le temps... ” »

A LA
RECHERCHE
DU
TEMPS
PERDU

III

Fermé de l'intérieur

« Après quoi, il s'enferme pour de bon aux cabinets, histoire d'être vraiment seul. »

Louis Aragon

Ces quatre murs auraient des choses à raconter s'ils trahissaient les pensées de ceux qui viennent s'y asseoir! Dans nos sociétés, les cabinets restent le seul endroit de la maison où l'on peut s'enfermer pour lire ou travailler, réfléchir ou méditer, dormir ou rêvasser et se livrer à des jeux interdits, sans être dérangé.

Lieu de solitude, de plaisir, de jouissance, de relâchement, d'intimité et d'exclusion. L'endroit refuge par excellence, comme la cabane en bois de son enfance, où, seul face à soi, on échappe au regard des autres. Mais c'est aussi le lieu de la dissimulation, de l'interdit, du crime, de l'inavouable. Lieu de toutes les transgressions : drogue, meurtre, infanticide, suicide. Il y aurait ainsi une utilisation douce et une utilisation dure des W.-C. Lieu de silence, il sert de cachette. On peut dissimuler, récupérer ou faire récupérer en toute impunité.

Du temps où les chasses étaient installées en hauteur, les cambrioleurs y trouvaient des trésors. Lorsqu'un tableau disparaît dans un musée, c'est là que, parfois, les policiers le retrouvent. Débarrassée de son cadre, la toile s'est lovée derrière un tuyau. Les cambrioleurs reviendront sur les lieux du crime pour la récupérer dans son abri, une fois l'agitation retombée.

Les responsables du musée du Prado ont mis ainsi vingt-quatre heures pour s'apercevoir que le *Concert rustique* du peintre Adriano van Ostade, une œuvre représentative de l'école hollandaise du XVIIe siècle, était passée des cimaises aux... W.-C., intacte et sur son cadre. Le directeur, quelque peu vexé, a précisé qu'il ne s'agissait pas d'un vol mais d'un « changement de place ».

Les adolescents turbulents continuent à affectionner la cachette dans les écoles. Les deux bombes qui ont explosé dans des établissements scolaires à Decines-Chartrieu, près de Lyon, et dans le XIVe arrondissement de Paris en janvier 1988, avaient été placées derrière les réservoirs des chasses. Celle dissimulée dans les toilettes de l'école Pigier de Metz aurait pu faire des victimes. Heureusement, tous les élèves se trouvaient en cours au moment de la déflagration. En revanche, celui ou celle qui a déposé un engin explosif au quatrième étage des bureaux de la brigade de répression du banditisme, quai de Gesvres, voulait tuer. Ses vœux ont été exaucés : un inspecteur de police est mort sur le coup. Dans la même veine, les toilettes des commissariats de police sud-africains ont été pendant longtemps la cible des opposants à la politique de l'apartheid.

Les professionnels du crime peuvent y abandonner des armes compromettantes. En mars 1986, un journaliste a trouvé un pistolet, muni d'un chargeur contenant huit balles, dans les toilettes du service de presse de l'O.N.U, à New York.

Lieu de cachette pour des armes que l'on envisage de récupérer tôt ou tard. Mesrine, détenu en prison, écrivit un jour au doyen des juges d'instruction de Douai pour s'accuser d'un délit qu'il n'avait pas commis. On le transféra au palais de justice de la ville. Ses complices avertis cachèrent une arme dans les toilettes. Il demanda à s'y rendre et en ressorti armé, ce qui lui permit de s'en évader.

Les terroristes se servent aussi des lieux pour récupérer une arme dissimulée sur eux. Lorsque, le 26 avril 1990, Carlos Pizarro embarque à bord d'un avion de la compagnie Avianca, sur l'aéroport de Bogota, il a toutes les raisons d'être heureux. En moins de deux mois, il a réussi à transformer le M-19, un ancien mouvement de guérilla colombienne, en parti politique et il se présente aux élections présidentielles prévues le 27 mai. Il ignore que la mort l'attend. Pourtant, le candidat à la présidence a reçu un coup de fil anonyme le menaçant d'un attentat. Il a donc choisi de retarder son départ de deux heures. Mais il ne montre aucun signe de nervosité lorsque l'appareil décolle, tout comme Gerardo Gutierrez qui, très calme, se tient droit comme un i sur son siège. Pourtant, si quelqu'un s'avisait de prendre le pouls de ce jeune homme de 21 ans qui voyage sous une fausse identité, il s'apercevrait qu'il bat à 150 à la minute. Gerardo Gutierrez ne perdra pas une seconde pour mettre son plan à exécution.

A peine l'autorisation donnée aux passagers, il se lève et se rend aux toilettes. Il en ressort quelques minutes plus tard avec un pistolet mitrailleur au poing. Il tire quinze coups de feu en direction de Carlos Pizarro, en prenant bien soin de viser la tête et la gorge de sa victime, car il sait qu'elle porte un gilet pare-balles. L'un des gardes du corps du candidat à la présidence de la république colombienne dégaine et le tue, mais il est trop tard. Pizarro sera enterré deux jours après. Le médecin légiste précisera que l'arme du crime, avant d'être sortie dans les toilettes, était attachée à la cuisse du criminel.

Autres utilisateurs, les services secrets qui les qualifient de B.L.M., boîtes aux lettres mortes. Un agent y dépose un objet ou un document qu'un autre vient récupérer dans un délai extrêmement court. L'agent récupérateur n'agit qu'après avoir vérifié deux signaux, celui de non danger et celui d'approvisionnement, matérialisés par des trucs aussi simples qu'un chewing-gum sous une table ou un confetti à l'arrêt du bus.

Tous les deux s'assurent qu'ils n'ont pas été suivis. Ils empruntent un itinéraire où se succèdent des passages isolés et fréquentés : après un marché ou un grand magasin, ils choisissent une rue déserte. Montés dans le métro Opéra ou Châtelet, ils attendent le terminus pour descendre. Pour cet exercice, les toilettes d'un café sont idéales surtout si ce dernier est situé à l'angle d'une rue et bénéficie de deux sorties différentes.

Dans la Résistance, ce lieu clandestin eut aussi ses adeptes. Francis Ambrière dans les *Grandes Vacances* raconte : « Si le cher homme m'eût accompagné au sortir de la fouille, il se fût peut-être demandé pourquoi je quittais un moment la sentinelle pour m'enfermer aux cabinets : quelqu'un m'y attendait pour m'y remettre le trésor officieux des Français. » Si les architectes suppriment aujourd'hui les coins et les recoins des petits coins, c'est bien parce qu'ils constituent des caches potentielles dont usent également les dealers. Les douaniers du monde entier le savent bien et ce qui s'est produit à l'aéroport de Caracas appartient à la routine. Les douaniers vénézuéliens ont saisi vingt kilos de cocaïne cachés dans les toilettes de la zone de transit.

Si l'on y cache des objets, on y cache aussi des actes. C'est d'ailleurs cette dimension criminelle que les cinéastes aiment filmer. Du très célèbre *Psychose* d'Hitchcock à *Opération crépuscule* d'Andrew Davis avec Gene Hackman perdant son prisonnier dans les toilettes d'un aéroport, les W.-C. ont accueilli plus d'un truand, d'un espion, d'un voleur ou d'un assassin de cinéma. A tel point qu'il n'est même plus besoin de les montrer. Dans *le Silencieux* de Claude Pinoteau, les toilettes publiques par lesquelles s'enfuit Lino Ventura-Tibère pour échapper à ses poursuivants sont suggérées, pas davantage, par un panneau les indiquant.

Dans *les Vécés étaient fermés de l'intérieur* de Patrice Leconte, d'après une bande dessinée de Gotlib, elles sont au contraire au cœur de l'énigme. Comment le poinçonneur de métro, interprété par Roland Dubillard, a-t-il pu être assassiné dans ce lieu pourtant clos de l'intérieur? Tout simplement parce qu'une machine infernale avait remplacé la poinçonneuse qu'il avait avec lui.

Quand l'affaire se situe dans une gare, le suspens se corse. A Philadelphie, le jeune Samuel du film de Peter Weir, *Witness,* s'éclipse le temps d'un pipi d'ange dans les toilettes. Là, un homme est assassiné. Samuel retient son souffle. Trop tard, sa respiration le trahit. Les meurtriers veulent sa peau. L'un d'eux ouvre un cabinet, puis un autre. L'enfant tremble derrière la dernière porte close. L'homme s'obstine à vouloir l'ouvrir. L'ouvre. Personne! Ouf! Le spectateur respire. Où est passé Samuel? Il s'est faufilé dans le cabinet suivant et est monté sur la cuvette pour dissimuler ses pieds à son poursuivant.

Aujourd'hui, le cinéma a tendance à se libérer du cliché « film policier entraîne scène dans les toilettes », le détourne et surprend du même coup là où l'on s'y attend le moins. A commencer par *Nikita,* de Luc Besson, qui envoie certes la belle meurtrière se réfugier dans les toilettes, avec l'intention de prendre la poudre d'escampette, mais par une fenêtre... murée! Et finalement traquée, elle se retrouve telle l'arroseur arrosé.

Citons encore le film de Peter Greenaway *le Cuisinier, le Voleur, La Femme et son Amant.* C'est dans les toilettes blanches, virginales, tranchant sur le rouge sang de la salle de restaurant, dans ce « lieu » où les amants se retrouvent, que le spectateur attend le (double) crime. Or, il sera bien commis, mais ailleurs, et non dans ce havre de paix et d'amour que sont ici les W.-C., dans une Angleterre digne d'Henri VIII, où dominent les excès, où manger, forniquer, tuer, pisser et déféquer forment trop souvent un seul et même ballet à la vie à la mort.

Si les toilettes du cinéma représentent si souvent l'endroit idéal pour dissimuler des cadavres ou pour neutraliser ses adversaires, le scénario ne fait dans le fond que s'inspirer de la réalité. Combien d'employés de banque se sont retrouvés dans des W.-C. et ont dû attendre la fin du hold-up pour que la police vienne les délivrer! Combien de personnes cambriolées à leur domicile ont atterri pieds et poings liés dans ce lieu, attendant qu'on vienne les en sortir!

Il arrive aussi que le séjour forcé soit le résultat d'une défaillance technique, particulièrement grave dans les toilettes publiques où personne ne s'étonnera d'une porte hermétiquement close. C'est une mort atroce que le sort a réservé, dans un dispensaire de la santé publique à Rome, à Vincenzo Spadera, un colonel à la retraite italien de 82 ans.

Venu consulter un médecin, personne n'a jamais compris pourquoi il avait choisi d'aller dans les toilettes d'un petit local en réfection, situé en haut d'un escalier métallique donnant sur une galerie très peu empruntée mais qui surplombe le hall du dispensaire. Vingt-cinq médecins, trente-cinq infirmières, une bonne centaine d'employés travaillent en permanence dans l'établissement qui accueille plusieurs milliers de patients chaque jour. Aucun d'entre eux n'a entendu les appels à l'aide du vieux monsieur, resté enfermé à quelques mètres seulement au-dessus d'eux, dans des toilettes où personne ne devait aller, et retrouvé mort au bout de huit jours. On imagine aisément le cauchemar qu'il a dû vivre durant des heures interminables où, à l'affût du moindre bruit, l'angoisse devait succéder à l'espoir.

Heureusement, ceux qui s'enferment par mégarde dans des toilettes ne connaissent pas toujours une fin aussi horrible. L'aventure peut se transformer en gag. Un jour d'octobre 1985 à Londres, la T.W.A. s'est vue dans l'obligation d'annuler l'un de ses vols à destination de New York. Plus de trois cents passagers ont été répartis à bord d'autres appareils que celui sur lequel ils devaient embarquer.

Le pilote et le copilote étaient restés enfermés dans les W.-C. d'un restaurant indien de la capitale anglaise. Derniers à partir, les deux hommes décidèrent préalablement de rendre une petite visite aux lieux... Mais les propriétaires du restaurant, impatients de se retrouver dans leurs pénates, coupèrent l'électricité et fermèrent l'établissement. Le loquet des portes des cabinets était actionné par l'interrupteur électrique... Les deux hommes ont tapé et cogné chacun à leur porte... Vers 7 heures du matin seulement, alerté par le bruit, un voisin a prévenu les propriétaires qui dormaient sur leurs deux oreilles.

Passe encore que l'on puisse y rester enfermé à l'insu de tous, mais comment expliquer qu'un cadavre soit resté six jours dans les toilettes d'un hôpital londonien sans attirer l'attention de personne. William Frost est admis à Saint-Bartholomew le 8 novembre 1989 pour passer une radio. Le 15, on retrouvera son cadavre sur le carrelage des toilettes. Six jours et six nuits sans éveiller le moindre soupçon.

Endroit idéal pour cacher un cadavre encombrant ou pour accomplir ses méfaits, mais aussi pour mourir en paix, qu'on l'ait voulu ou non. L'actualité quotidienne, là encore, nous fournit les exemples de désespérés qui veulent terminer leur vie sans être dérangés. C'est souvent ce que redoutent les policiers dans les commissariats de police et c'est ce qui explique que les portes n'y sont jamais fermées jusqu'en haut. Ce qui s'est passé au palais de justice de Guingamp, dans les Côtes-du-Nord, fait presque partie de la routine. Un prévenu, Patrice le R., se voit signifier par le juge d'instruction sa mise sous mandat de dépôt. Il a tiré, sans raison apparente, sur un automobiliste qui le précédait, et, un peu plus tard, sur un groupe de piétons. En sortant du cabinet du juge, il demande à se rendre aux toilettes. Les gendarmes lui en donnent la permission. Ils le laissent entrer tout seul, comme il se doit, après lui avoir laissé les menottes à un seul poignet. De sa main libre il s'ouvre les veines. Ce fait divers est, hélas! banalisé.

Lieu permissif où l'on se donne la mort et où l'on donne la mort. C'est là que des femmes anéanties par des grossesses non désirées nient, dans un geste désespéré, la réalité implacable de l'accouchement. Catherine Bonnet raconte les récits insoutenables de ces femmes dans *Geste d'amour, l'accouchement sous X.*

Claire a 25 ans et l'on découvre ses quatre infanticides à l'occasion de sa cinquième grossesse.

– « Que vous est-il arrivé au moment des accouchements?

– J'ai peur... je ne peux pas en parler... je ne m'en souviens plus... (Elle se recroqueville, terrorisée, et tourne la tête.)

– Essayez de me raconter.

– A chaque fois, j'accouche dans les W.-C. Je ne sais pas... C'est d'instinct... Je ne sais pas... Je me mets sur les W.-C... Je ne me souviens plus de ce qui se passe. (Elle éclate en sanglots.) C'est horrible, c'est une immense panique...

– Vous pouvez me parler de cette panique?

– Je ne sais pas... Je ne m'en souviens pas... Cela va très mal pendant une demi-heure... Je ne sais pas...

– Et tous les quatre, de même?

– Oui, c'est horrible... J'aime tellement les bébés... C'est mon métier. »

Claire n'est pas la seule à rechercher ainsi l'évacuation de son malheur. D'autres femmes choisissent ce lieu pour abandonner l'enfant qu'elles ne désirent pas et dont elles veulent cacher la naissance, sans que l'on sache vraiment si elles souhaitent sa mort ou non.

27 septembre 1987, à Revigny-sur-Ornain, dans la Meuse, la patronne du café « Entre deux ponts » découvre une petite fille de quelques heures enroulée dans un sac poubelle et abandonnée dans les toilettes de son établissement. Placée aussitôt en couveuse à l'hôpital de Bar-Le-Duc, elle a pu être sauvée.

Autre histoire, celle de la petite Elizabeth, une miraculée. Un jour de juillet 1988, son père, sa mère et sa sœur embarquent à l'aéroport de Newark à New York pour San Francisco. Une fois à bord, la jeune femme se précipite aux toilettes. Elle y reste pendant une demi-heure retardant d'autant le décollage de l'avion.

Lorsqu'elle en sort, les hôtesses s'aperçoivent bien que la cabine est souillée de sang. A mille lieux d'imaginer ce qui s'y est déroulé, elles en déduisent que Christina L. souffre d'une dysenterie et condamnent la porte pour le reste du vol. Son mari, Louis, et leur petite fille de 3 ans, Jeannie, ne se doutent également de rien. Christina rejoint son siège. Elle y restera sagement assise jusqu'à l'atterrissage. A l'arrivée à San Francisco, le couple débarque normalement de l'avion et disparaît. Vingt minutes s'écoulent. Les équipes de nettoyage montent à bord et sont tout de suite alertées par les cris d'un nouveau-né. Un bel enfant de quatre kilos qui s'égosille. Il est resté sous le lavabo de l'avion pendant près de six heures... Des centaines d'Américains ont téléphoné à l'hôpital où la petite fille a été transportée pour l'adopter. Son père n'a pas été inquiété. Sa mère, qui avait réussi à lui cacher sa grossesse, a été aussitôt emprisonnée.

Malheureusement, les nouveau-nés abandonnés dans de telles conditions, ne survivent pas la plupart du temps, notamment en raison du manque de soins qu'il est si important de prodiguer dès les premiers instants de la vie.

Le 11 janvier 1990, un passant découvre un nourrisson sans vie dans une vespasienne de Clermont-Ferrand située près de la gendarmerie.

Le 17 octobre 1989, une élève de troisième, du collège Jacques-Brel de la Ferté-Macé, dans l'Orne, a réussi à dissimuler sa grossesse. Une femme de service découvre le cadavre d'une petite fille dans les toilettes de l'établissement.

Plus sordide encore : le 30 juin 1986, au cours d'une fête de famille, Agnès, qui a 21 ans, est prise de violentes douleurs et va mettre au monde sa petite fille dans les W.-C. de la demeure de ses parents. Son père, qui est conseiller municipal de Saint-Savine, dans l'Aube, ne veut pas entendre parler de l'enfant naturel... Il essaie de noyer le bébé qui se trouve dans la cuvette. Un médecin du SAMU découvrira les faits par hasard et lui sauvera la vie.

Attention de ne jamais y laisser jouer les enfants sans les surveiller. Ils peuvent s'y noyer accidentellement. Cela est arrivé à une petite Véronique, une fillette de 2 ans, au Dorat près de Limoges...

Lieu de la dissimulation, de l'interdit, du crime, de l'inavouable, il est, dans les trois grandes religions monothéistes, mais aussi dans les traditions populaires, le repaire du diable et des mauvais esprits.

La demeure de l'excrément attire les djinns chez les juifs et les protestants. Si l'on suit les préceptes du Coran, pour les en chasser, il faut y entrer du pied gauche et prononcer la formule Bismillah. Le diable y a multiplié ses apparitions. On raconte qu'un jour il reprocha à saint Bernard de profiter de ses passages dans ce lieu pour y réciter des psaumes. Ce à quoi saint Bernard lui répondit : « Les grandes choses qui sortent de ma bouche, à Dieu sont offertes, mais cela qui sort de mon ventre en dessous, toi, mange-le. »

Réciter des psaumes aux toilettes est une utilisation plus douce du lieu qui prend alors valeur de refuge. De refuge pour dormir par exemple. Personne ne s'aperçut des petites « ronflettes » que Françoise Xénakis s'offraient du temps où, avec son mari, Yannis, ils acceptaient encore des dîners en ville. Il connaissait le scénario par cœur. Françoise Xénakis s'endort très vite, n'importe où et n'importe comment. Lorsque la conversation languissait, elle s'éclipsait. Petite, elle se lovait entre la cuvette et le mur. Son mari lui concédait un temps de répit. Lorsqu'il s'absentait discrètement pour venir gratter à la porte, elle comprenait le signal; la décence lui ordonnait de réapparaître.

Pour dormir quelques instants ou très longtemps. François Brigneau raconte dans *Mon après-guerre* comment il récupère ainsi des nuits agitées. C'est une époque où il vit en cumulant des petits boulots. Il travaille dans une usine de Brie-sur-Marne et, en même temps, avec Antoine Blondin, il écrit des échos, des billets parisiens et des petits reportages de cinéma, de théâtre et de sport pour un journal : « Je dors debout et même assis, dans les cabinets où je fais des pauses réparatrices. Des ouvrières les ont remarquées et M. Alexandre chronomètre. Les premières ont parlé de manies, que certaines s'offraient à me faire passer. M. Alexandre, lui, les tenait pour un dérangement intestinal chronique, jusqu'au jour où il vit. Le sommeil m'avait fusillé, sans me laisser le temps, ni la force de pousser la targette. Il ouvrit la porte. Et il me découvrit, ronflant profond, la tête sur un rouleau de papier hygiénique comme sur un oreiller. »

De ce refuge, on peut faire son domicile. Lily refuse les responsabilités. Elle s'y sent tellement protégée qu'elle a décidé d'y élire domicile. Presque la cinquantaine, tout de noir vêtue, par choix personnel, Lily dort chaque nuit, dans un W.-C. du centre des affaires de Lausanne. Autrefois mariée et mère de famille, elle vivait dans une banlieue tranquille. Un caractère difficile et des troubles psychiques l'amènent à se séparer de son époux. Lily se renferme sur elle-même et les ennuis commencent...

Deux ans plus tard, ne pouvant plus payer son loyer, elle est expulsée de son appartement. Commence alors une longue vie d'errance, marquée par les interventions régulières de la police qui la découvre en train de dormir dans des couloirs d'immeuble. Une recherche de logement provisoire, qui prend fin avec les sous-sols aménagés de la place Saint-François.

Ses affaires enfouies dans des sacs à commission, elle attend que les dernières clientes de son cinq pièces-cabine-sans-cuisine partent. Elle fait sa toilette et s'enferme dans l'une d'entre elles, souvent la même, la deuxième.

Lily se tortille entre la porte et la cuvette, et s'endort, allongée sur une vieille couverture, malgré la lumière blanche qui reste allumée toute la nuit. Et gare à celui ou à celle qui viendrait la déranger! Un fonctionnaire communal l'a appris à ses dépens. Venu un jour la déloger, il est reparti griffé.

Plus personne ne songerait à remettre en question cette présence insolite dans les toilettes : « Lily a choisi cette vie et elle a pris une forme de liberté qui ne lèse pas l'ordre public, précise le tuteur général de la ville. Nous n'avons aucune raison de ne pas la laisser vivre comme elle l'entend, même si, quelque part, elle enfreint très certainement un règlement quelconque. »

Pourtant, aujourd'hui, bénéficiant de toutes sortes

d'aides financières, Lily pourrait à nouveau payer un loyer et s'offrir un appartement, mais il est trop tard. Elle a pris d'autres habitudes.

Du sommeil au rêve il n'y a qu'un pas, mais ceux qui aiment y rêver le font tout éveillé. Ceux-là rêvent de voyages et souvent la décoration du lieu les y aide ; souvenirs de vacances, affiches des mers du Sud, tableau enchanteur ou bien, au contraire, le vide complet sur les murs, car ils vont chercher leurs rêves dans leur for intérieur. En sortant, ils sont du style à dire : « Tiens, j'ai eu une idée, si on... »

Certains y éprouvent même l'impression de se retrouver dans la position du fœtus à l'abri de toutes les agressions. A ce sujet, on relira le chapitre LXXX de l'inoubliable *Belle du Seigneur* d'Albert Cohen. C'est là qu'Adrien Deume vient accomplir son suicide. Il vient s'y réfugier avec Patrice, l'ourson en peluche, le livre de Papi posé devant lui sur le tabouret blanc de la salle de bains, du pain et du saucisson à l'ail entouré de papier hygiénique entre les doigts... Assis sur le « trône des solitaires », la cordelière du pantalon dénouée et le browning chargé, il crie sa peine en passant en revue ses souvenirs : « Il se leva, fesses nues, tira la chaîne encore une fois sans nécessité, pour remplir le silence de la maison, pour entendre un bruit de réalité, pour n'être pas seul. » Après cela, il ne lui restait plus qu'à vaincre la dernière réticence de son index. Mais, finalement, « son index voulut ». Car rien, aucun des attributs de l'enfance, même ce lieu dans lequel il allait se réfugier quand Mamie le grondait, ne peut le consoler d'un chagrin d'adulte, un chagrin d'amour.

Sans aller jusqu'à se suicider, on peut plus simplement s'enfermer dans les toilettes pour laisser éclater sa peine, telle Fanny Ardant dans *l'Aventure de Catherine C.,* mise en scène par Pierre Blanchot d'après *Hécate* de Pierre-Jean Jouve. Ou, mieux, pour se refaire franchement une santé. C'est le cas de Gino (Michel Serrault) dans *Joyeux Noël, bonne année* de Luigi Comencini, qui privilégie entre tous ce haut lieu pour le seul, mais incomparable plaisir, de se reposer des cris à l'italienne, des odeurs de tomates, des disputes et des bousculades. Et en sortant, un bon bruit de chasse d'eau et un rajustement de braguette sont un excellent moyen, semble-t-il, de remettre un peu d'ordre dans tout ça, tout en affirmant sa virilité. Au besoin, on peut même s'y écouter parler, tel Jean-Luc Bidaud, discourant, confortablement installé sur les toilettes, dans *le Bonheur a encore frappé.*

Toutefois, les toilettes restent avant tout un cabinet de lecture. A l'abri des regards indiscrets, et parfois dans le silence pour mieux entendre le bruit des pages qui tournent, d'autres en effet assimilent ce lieu à la lecture dont l'objet varie. Quitte à perdre quelque chose de soi et à l'abandonner au monde de la matière, autant lire et prélever quelque chose au monde de la connaissance!

Certains affirment qu'ils aiment bien y lire des journaux de préférence, comme André Halimi qui, du coup, peut rester des heures « dans les bras » de ses W.-C. Comme Paul-Loup Sulitzer qui baptise l'endroit le « purgatoire » et avoue deux manies : lire tranquillement ses revues financières et se parler à lui-même. Paul Guth adore, lui, y entrer avec la pile de quotidiens, d'hebdomadaires et des lettres du jour. Il considère le petit coin comme son salon de lecture. C'est là qu'autrefois il a découvert un manuscrit, *le Rempart des Béguines,* premier roman de Françoise Mallet-Jorris :

« Ma femme Juliette, raconte-t-il, donnait des coups de pied dans la porte du " petit coin " : " Qu'est-ce que tu fais là-dedans? Tu n'en sors plus!... " " Je lis un chef-d'œuvre... " J'ai réussi à faire éditer ce roman chez Julliard et j'ai gagné de vitesse André Roussin qui l'avait porté chez Gallimard, et qui ne l'avait peut-être pas lu au " petit coin ". »

Les passionnés d'un genre littéraire précis s'y adonnent à leur pâssion. Les aficionados de B.D. ou de polars ne résistent jamais à l'envie d'envahir les murs de leurs exemplaires préférés. Les vrais intellos relisent des morceaux choisis, telle la romancière Isabelle Lacan qui, ici, n'ouvre jamais un ouvrage au hasard.

Dans ceux de Robert Sabatier, il y a toujours des guides du savoir-vivre et des manuels des convenances, tel celui de la baronne Staff ou *la Toilette de l'honnête homme.* L'écrivain aime y méditer. Pour Robert Charlebois, la lecture est tellement indissociable des latrines qu'il faudrait y installer un lutrin. Patrick Grainville, lui, s'en sert carrément de bibliothèque et décrit dans *l'Orgie, la Neige,* un chez lui de « chambres et chiottes empêtrés de rayons, d'étagères ». Pratique, somme toute !

Ceux qui s'y attardent pour lire peuvent y rester des heures. Le lieu s'y prête, la tête et les pieds au calme, le livre ou le journal calé sur les cuisses. Livres et W.-C. entretenant des relations privilégiées, il était bien naturel que les écrivains s'y intéressent. Non sans succès, puisque ces bibliovécés valurent à Jean-Luc Benoziglio le prix Médicis 1980.

Le livre récompensé, *Cabinet portrait,* est en tout point – y compris pour le sujet qui nous préoccupe – un petit-chef d'œuvre. A la fois faute de place et pour fuir la télévision des voisins de gauche et les râles de la folle de droite, un homme « entrepose dans les toilettes, communes à l'étage, une encyclopédie en vingt-cinq volumes à laquelle il semble beaucoup tenir ». L'auteur, Jean-Luc Benoziglio, n'estime-t-il pas lui-même que cet endroit est le dernier où l'on puisse être tranquille pour se cultiver, et c'est donc le plus naturellement du monde dans ce « havre de paix », que le fils (Ben) de Zigliou, médecin turc réfugié en Suisse, essaiera d'en savoir un peu plus sur une maladie (un cancer du rectum !) dont il se croit atteint, sur les guerres et sur son passé.

Que Papa Benoziglio, médecin psychiatre et psychanalyste soit « très pudique et tabou de ce côté-là », n'enlève rien au fait que l'écrivain Benoziglio-fils refuse l'étiquette d'obsédé. De son propre aveu, s'il préfère « l'eau des chiottes, c'est pour ne pas prendre le risque de tomber dans l'eau de rose ».

On ne lui en voudra donc pas, tant s'en faut, d'avoir récidivé dans *Tableau d'une ex* à laquelle il offre un « cadeau d'adieu » hors du commun : un nettoyage en règle de la cuvette des W.-C. : « Pas bien brillant. Mais assez pourtant pour qu'en apercevant dans la lunette le reflet de ma quarantaine bien sonnée (et même un peu groggy) je réfrène mal une violente envie d'éclater en sanglots. »

La culture aux chiottes, c'est aussi le choix d'Arthur Miller. Et pour cause : « Ça ne porte jamais tort à un grand livre, dit-il, de l'emmener au cabinet. Seuls les petits en souffrent. » Pour sa part, il nous suggère d'y emporter la sainte Bible, et pas n'importe laquelle, de préférence la version du roi Jacques. La Bible, c'est tout juste ce que tolère Nicoletta, avec la petite balayette et l'eau de Javel. Armé de telles lectures, autant dire qu'il ne faut pas être pressé. C'est le cas de Jean-Pierre Léaud dans *Domicile conjugal* qui se penche sur Balzac.

Que l'on puisse s'y attarder, c'est ce que redoute Jean-Jacques Pauvert qui préfère ne rien mettre du tout, car dit-il, « après, les gens s'installent ».

D'autres profitent de leur séjour pour continuer leurs activités et y travailler. Louis Jouvet affirmait qu'il avait appris tout *Don Juan* en épinglant le texte, sur le mur face à lui, assis noblement sur la cuvette.

L'ancien président de la République, Raymond Poincaré, lut un jour un article de presse qui ne le ménageait pas. Le journaliste le qualifiait en effet d'excellent compagnon de dominos; il lui reprochait de ne pas être assez actif et de perdre son temps à jouer à des jeux de société absurdes. Furieux et pour prouver qu'au contraire il savait très bien gérer son temps, Poincaré eut cette réflexion : « Ce n'est pas vrai, je suis quelqu'un de très organisé. La preuve : j'ai lu toute l'histoire du Consulat et de l'Empire d'Adolphe Thiers en dix volumes au cabinet. »

Françoise Morasso et Jean Garetto frôlent, pour leur part, la dispute lorsqu'il s'agit de s'attribuer la paternité de l'aménagement de leur W.-C. Collectionneur dans l'âme, le couple de l'émission du dimanche matin sur Europe, n'a rien laissé au hasard et remporte la palme du lieu communiquant.

Rarement, un tel havre de pets..., pardon, de paix aura été autant en relation avec le monde extérieur ; à croire qu'ils y passent leur vie ! Une télévision, une radio, un réveil pour connaître l'heure même mal réveillé en pleine nuit, un bloc-notes pour se laisser des messages, un téléphone, sans compter une boîte de Kleenex et un cendrier posé sur un meuble d'herboristerie. Le W.-C., dans ce cas, devient le prolongement de presque toutes les autres pièces de la maison, y compris et surtout le bureau. Il s'agit de ne pas perdre un instant !

Les milieux dits « branchés » de la publicité, de la presse, de l'audiovisuel ou du show-biz adorent y « brancher » le téléphone, tant il est vrai que c'est toujours à ce moment précis qu'il sonne. Une façon de ne jamais avoir l'impression que l'on peut rater le coup de fil de sa vie.

Patrice Laffont avoue toujours, le sourire « goguenard », qu'il trône en parlant lorsque le téléphone sonne à ce moment-là. « Ce qui ne manque jamais dit-il, de mettre mon interlocuteur très mal à l'aise. Mes meilleurs idées viennent de là. Une télévision portative doit y faire son entrée très bientôt. Certains disent que c'est sa seule vraie place. »

Le téléphone, « le fil de la vie » : une arme à double

tranchant pour Patrick Miler, de *Paris Match.* Comme Reiser d'ailleurs, il considère que c'est le seul endroit où l'on est bien. Il aime y être tranquille. Et il ne l'est plus depuis que sa femme lui a offert un cadeau empoisonné, le must des sans fil. En effet, elle et ses enfants n'hésitent plus à lui transmettre ses appels jusque dans cette ultime retraite.

La civilisation de l'audio et du visuel a remplacé celle de l'écrit... Plus rares sont ceux qui utilise le cabinet comme lieu de création, mais il existe cependant quelques exemples fameux. Comme son éditeur lui reprochait gentiment ses références à l'urine dans *Docteur Sax,* Jack Kerouac, l'un des chefs de file de la « beat-generation », lui répondit : « S'il y a un grand nombre de référence à l'urine, c'est normal. Je n'avais d'autre coin pour écrire que le siège rabattu sur la cuvette dans la petite pièce carrelée des petits coins... » Lorsqu'il écrivit *Docteur Sax* en juillet 1962, Kerouac habitait en effet chez William Burroughs à Mexico. Et comme Burroughs se droguait et que l'appartement n'était pas très grand, c'est dans le petit coin qu'il avait pris l'habitude de se réfugier pour noircir ses pages. Ainsi, le modiste Jean Barthet s'est-il fait installer une tablette qui se rabat, pour écrire, penser et dessiner. Charles Aznavour trouve, dit-on, l'imagination assis, qu'importe le siège.

De Luther, l'on dit qu'il eut la révélation de ce qui a été l'axiome fondamental de la Réforme dans les latrines d'une tour du monastère de Wittenburg. L'histoire a retenu l'épisode de la tour, mais elle a situé le point de départ dans un endroit jugé plus glorieux. Et pourtant, les grandes choses ici-bas ont toujours un commencement modeste!

LEBEAULT.

IV

Par le petit trou de la lunette

« C'est l'un des plus beaux objets que l'industrie ait fabriqués. Là se révèlent toutes les courbes sensuelles de la divine face humaine, mais sans ses imperfections. »

Le Corbusier

Neuf litres d'eau potable qui s'en vont en fumée pour un petit pipi d'un quart de litre, c'est beaucoup... trop! L'eau est devenue une denrée rare à ne plus gaspiller. Il faut lui éviter des besognes inutiles, une préoccupation depuis longtemps présente chez les Britanniques. Lors de la sécheresse de 1976, le prince Philip, mari de la reine Elisabeth, a très solennellement demandé à son peuple de mettre des briques dans les chasses pour diminuer de moitié leur contenance en eau.

La solution viendra peut-être du W.-C. du futur qui bousculera les idées reçues, même s'il n'est pas facile de s'attaquer aux tabous. Grégory Guillaume, un étudiant en design, a remporté le concours organisé par un fabricant suisse, Gébérit. Au départ, un raisonnement simple : les ressources en eau diminuent et la technologie du laser va progresser ; à l'arrivée, son W.-C. est seulement constitué de lumière qui pulvérise le tout en quelques fractions de seconde. La poussière aspirée, la toilette redevient propre, car de plus le laser nettoie. Il n'y a plus une seule goutte d'eau!

On peut imaginer également que la solution découle de la technique des ultrasons... Mais, en attendant, que faire? Installer des urinoirs à usage domestique, comme le préconise Anne-Marie Pajot, rédactrice en chef de *Cuisines/Bains*: « L'urinoir n'arrive pas à entrer dans les mœurs en France où, encore plus tabou qu'une cuvette, on le considère comme un équipement vulgaire. Ceux de nos voisins, comme les Allemands, qui l'ont adopté n'ont pas à s'en plaindre, d'autant que les fabricants les ont dotés de couvercle, de chasse électronique et qu'il existe de très jolis modèles. »

Pour les hommes, ils ont en plus la hauteur idéale, encore faut-il l'adapter à leur taille. Quand on en installe en batterie dans des lieux publics, il est important de les placer à des hauteurs différentes. Mais attention, l'urinoir est destiné exclusivement à éliminer l'urine et l'eau qui l'accompagne; autrement dit pas de mégots ou de petits papiers. Ce n'est pas un vide-ordures.

Autre solution pour gaspiller moins d'eau: chacun « fait » selon ses besoins... Des fabricants offrent la possibilité d'interrompre le mécanisme de la chasse pour utiliser la quantité d'eau strictement nécessaire : Gébérit et Siamp ont choisi par exemple des boutons basculeurs.

Le Japon a été confronté au problème pour une raison bien précise. Les femmes japonaises ont la chasse trop facile! Parce qu'elles détestent qu'on les entendent, elles la tirent à plusieurs reprises uniquement pour masquer leurs bruits. Du coup, à leur intention, on a inventé un appareil qui reproduit le bruit d'une cascade!

Dernière solution pour éviter toute tentation de gaspillage, diminuer davantage encore la réserve en eau: aujourd'hui certains modèles fonctionnent avec six litres. Mais ce qui paraît simple a priori ne l'est pas « a posterieuri »!

Ce que l'on demande à une chasse se résume en trois points : évacuer les matières fécales, laver la cuvette sans laisser de traces qui pourraient signer le crime et reconstituer la garde d'eau du siphon en eau propre. L'expérience a permis de conclure qu'il fallait que neuf litres d'eau s'écoulent en six secondes pour obtenir ce résultat, soit un débit d'un litre et demi à la seconde. Les chasses de notre enfance fonctionnaient avec douze voire vingt litres. Les ingénieurs veulent aujourd'hui assurer les mêmes fonctions avec six litres seulement. Ils y arrivent ! Mais plus on diminue la capacité du réservoir, plus cela est difficile.

Les tests des professionnels qui préparent l'échéance de 1993 s'opposent sur la méthode à choisir pour reconstituer les fèces... L'Allemagne veut garder ses « saucisses d'apéritif » et la France ses « balles de ping-pong » ! Drôle de guerre !

La France a choisi des billes de vingt millimètres de diamètre en polypropylène, matière qui sert à fabriquer les balles de ping-pong, pour reconstituer ce que les techniciens appellent des corps d'épreuve. Ils en mettent cinquante et le test commence. Les blouses blanches se penchent sur la cuvette comme sur un berceau. On tire la chasse. Regards attentifs, concertation, crayons pour annoter de grandes feuilles blanches car l'opération se reproduit cinq fois : la chasse doit évacuer 85 % des billes. De plus, l'eau du siphon doit être renouvelée. Colorée préalablement, on vérifie après le déclenchement qu'il n'y a plus trace de colorant. La paroi de la cuvette doit avoir été rincée. Avant de tirer la chasse, on l'a saupoudrée de sciure. On ne tolère que quarante centimètres carrés sales. Enfin, avant l'essai également, on a relevé l'abattant et disposé une feuille de papier tout autour de la cuvette pour examiner les éventuelles projections d'eau vers l'extérieur.

Plus pragmatiques, les Allemands tiennent à effectuer

ces tests en reconstituant les matières fécales avec des «saucisses d'apéritif» (certains techniciens y auront consacré vingt ans de leur vie!) : quatre boudins de deux cents millimètres de long sur vingt-cinq millimètres de diamètre, constitués de boyaux cellulosiques remplis d'eau et dont les extrémités sont ligaturées avec un fil de lin. Les Allemands tirent la chasse dix fois et l'essai s'avère concluant si les quatre boudins ont été évacués au moins huit fois. Deux types de culture qui s'affrontent à travers un simple test d'évacuation! Et une vraie querelle dont on ne peut deviner l'issue. Aucun de ces deux pays ne semble décidé à lâcher le morceau...

Mais les experts se réconcilient sur le dos des Britanniques qui réalisent leurs tests avec une seule... balle. Elle est tellement lourde, affirment les mauvaises langues, qu'il n'est pas nécessaire d'actionner la chasse pour l'évacuer. Enfin, d'autres pays ont renoncé à employer du papier hygiénique car ce dernier se comporte différemment selon son grammage, sa qualité et sa facilité à absorber l'eau.

Le comité européen qui s'occupe des sanitaires a mis en place un certain nombre de groupes de travail qui finiront bien par trouver la solution idéale! Peut-être pourraient-ils s'inspirer de l'essai qui valut une médaille d'or à l'inventeur du W.-C. à siphon, l'Anglais George Jennings en 1884! Dix litres d'eau emportèrent dix pommes, une éponge plate de dix centimètres d'épaisseur et quatre morceaux de papier qui adhéraient à la cuvette rendue graisseuse.

La chasse de notre enfance était suspendue. On trouve encore sur le marché ces modèles «rétros» que l'on actionne avec une chaîne, mais l'innovation de ces dernières années a consisté à rapprocher le réservoir de la cuvette jusqu'à intégrer l'ensemble pour former un appareil monobloc. Les ingénieurs ont modifié le système qui permet à l'eau d'être évacuée du réservoir et l'ont doté de mécanismes très puissants.

Mais n'allez surtout pas croire que l'avènement de la chasse, qui nous paraît aujourd'hui naturelle, n'ait rencontré aucun obstacle! Certes en 1900, dans leur catalogue, les établissements A. Charpin, rue Popincourt à Paris, insistent sur le fonctionnement automatique des réservoirs : « Dans les cabinets communs fréquentés par des personnes non intéressées à les maintenir propres, on doit, indépendamment de la volonté des visiteurs, assurer le lavage de la cuvette et l'entraînement des matières hors du siphon. » Mais, il a fallu combattre des certitudes et des résistances très fortes pour en arriver là. Pendant longtemps, les chercheurs et les inventeurs français n'ont pas voulu renoncer à la séparation du liquide et du solide pour ne pas se priver de l'engrais humain, qui pour eux se conjuguait avec une agriculture florissante. Le socialiste Pierre Leroux, fondateur du *Globe* en 1824, organe du saint-simonisme, clame haut et fort que les aliments, après avoir été digérés par l'estomac, contiennent des propriétés indispensables aux cultures. Le devoir civique impose de ne pas les gâcher, afin de mieux répondre à la consommation sans cesse croissante. Il va même jusqu'à élaborer une loi naturelle entre le rendement de l'agriculture et l'accroissement de la population : « Si les hommes étaient croyants, savants et religieux, au lieu de rire, comme ils le font du socialisme, ils professeraient avec respect et vénération la doctrine du *circulus*. Chacun recueillerait religieusement son fumier pour le donner à l'État, c'est-à-dire au percepteur, en guise d'impot ou de contribution personnelle. La production agricole serait immédiatement doublée et la misère disparaîtrait du globe. »

Certains, chiffres à l'appui, démontrent le bien fondé du raisonnement. Ainsi peut-on lire dans le *Journal de chimie médicale* en 1857 : « En rejetant à la Seine

332 000 mètres cubes d'eaux-vannes, c'est absolument comme si l'on y lançait en pure perte 275 600 000 kilos de fumier. »

L'époque de l'utilisation de l'engrais humain est révolue et on ne saurait aujourd'hui, en l'état actuel des techniques, se passer de chasse. Les spécialistes la bichonnent pour la rendre plus silencieuse. Le bruit est provoqué par la chute de l'eau, son évacuation, et par le robinet flotteur qui remplir le réservoir.

Le problème n'est pas nouveau. Déjà Henry de Montherlant l'évoque dans *Un incompris*: « Trois quarts d'heure pendant lesquels on ne peut même pas faire marcher la chasse d'eau des cabinets parce que son bruit couvrirait celui de la sonnette, si Rosette sonnait ! »

Le bruit de la chasse pouvait autrefois envenimer les rapports entre voisins dans des immeubles mal insonorisés ! En 1960, la France construit des cités H.L.M., vite et pas toujours très bien. Cloisons filiformes et parquets bruyants, les locataires partagent, bien malgré eux, la vie quotidienne de tout le voisinage. Dans la banlieue de Nantes, les habitants de la cité « les Dervallières » n'ont pas à redouter le silence. Ils peuvent même se passer d'acheter une radio ou une télévision et l'écouter quand même. Toutes ces familles nombreuses n'ont pas l'habitude de vivre en communauté. Pour la plupart, elles arrivent de la campagne, l'exode rural ayant commencé, et sont relogées dans ces cités car, depuis la guerre, elles vivaient dans des baraquements. Dans la journée personne ne prête attention au bruit qui pourrait gêner l'autre. Mais, à 22 heures, le couvre-feu s'installe. Le règlement interdit que l'on fasse du bruit, il serait inconcevable de ne pas le respecter. Les gardiens qui font régner l'ordre sont d'anciens militaires. Les conversations et la télévision baissent alors de plusieurs tons et il est interdit de tirer la chasse. Elle fait, il est vrai, un bruit d'enfer. La chaîne restera inerte toute la nuit, mais pas question pour autant d'interdire l'usage du lieu. Au petit matin, le logis ne sent pas forcément l'odeur du café, du pain grillé et des tartines beurrées...

Pour Claude Carles, qui enseigne l'acoustique au conservatoire national des arts et métiers, le bruit le plus « désarmant » se propage lorsque la cuvette est fixée de façon trop rigide au sol : « Qualifié de bruit solidien, il se transmet par vibration et les cloisons sont impuissantes à l'arrêter. » Et Liliane, sa femme, directrice de la revue *l'Installateur*, de préciser : « Les installateurs savent qu'il faut poser les cuvettes sur des joints antivibratiles avant de les fixer au sol. »

Philippe Aubert, l'homme de la revue de presse d'Europe 1, avoue une véritable passion pour les chasses : « Je les adore, surtout lorsqu'elles se dérèglent. On peut faire appel à moi, je suis un spécialiste. Soulever un couvercle de chasse, c'est fascinant. On découvre une espèce d'aquarium dans lequel flotte un petit ballon bizarre. Lorsque le niveau baisse, le petit ballon qui a une tige remonte jusqu'à refermer de nouveau quand la chasse est pleine. On peut tordre un tout petit peu la tige métallique pour affiner le réglage de la chasse. Une chasse d'eau parfaitement réglée, j'adore ça. Je déteste celles qui glougloutent. »

Si vous êtes convaincu par la démonstration, vous pourrez, en cas de besoin, faire appel à S.O.S Philippe Aubert... D'autant qu'une fuite d'eau peut faire doubler la consommation moyenne d'un habitant, qui s'élève à soixante mètres cubes par an.

Espérons que les hôteliers auront retenu le message. Les chasses qui continuent à « glouglouter » dans les chambres d'hôtel, cela ne les empêche nullement de dormir. Si vous n'êtes pas un bricoleur hors pair, c'est vous qui passerez une nuit blanche. Alors un conseil, avant de défaire votre valise, vérifiez qu'elle fonctionne !

Attention également aux plombiers peu scrupuleux

qui, sous prétexte de chasse d'eau défectueuse, préconisent de changer l'ensemble. Le comédien Claude Piéplu ne s'est pas laissé faire. La cuvette de son appartement parisien date de 1927, année de construction de l'hôtel particulier où il habite. La chasse d'eau tombée en panne, le plombier voulait changer le tout. Mais que voulez-vous, Claude Piéplu aime sa cuvette. En la laissant partir, son appartement y perdrait un peu de son âme : « J'ai dit au plombier de prendre tout son temps pour trouver la solution. Je lui ai expliqué que j'étais prêt à jeter des seaux d'eau pendant un an pour ne pas avoir à m'en séparer. »

Tant de détermination a titillé l'ingéniosité de l'artisan. Le comédien n'a jamais été de corvée d'eau et il a gardé sa cuvette d'époque. Grand collectionneur de pots de chambre, il connaît la valeur des choses!

Pour qu'un cabinet fonctionne, il lui faut également posséder un siphon et une cuvette. Au siphon, le W.-C. doit une grande partie de sa carrière. Ce tube, recourbé deux fois, sert à évacuer les eaux usées et surtout il empêche la remontée des mauvaises odeurs en gardant prisonnière une réserve d'eau propre.

La cuvette, telle que nous la connaissons aujourd'hui, est devenue chose courante dans l'entre-deux-guerres. Seule l'esthétique a changé depuis et encore! « On vend toujours des baignoires, des lavabos et des cuvettes que l'on trouve dans les catalogues du début du siècle, fait remarquer le designer Christian Ragonot, et les cuvettes sont restées à la hauteur des chaises percées c'est-à-dire autour de quarante centimètres de haut. » « Les W.-C. sont toujours choisis en dernier, renchérit Roger Yvetot, par le couple toujours gêné qui en général opte pour toute une gamme. »

Sensible à l'esthétique des cuvettes, Le Corbusier a créé un modèle dans les années vingt avec des repose-pieds de chaque côté. Jugé trop futuriste, il se promène d'exposition en exposition comme une simple œuvre d'art. Les céramistes français ne prennent pas de risques, estimant que les tabous les mettent à l'abri de l'innovation.

Le maître avait même installé une cuvette au beau milieu de sa cabane en bois carrée, construite en 1952, sur le promontoire du cap Martin. L'objet lui rappelait « quelque peu, par le mouvement finement dessiné des contours, *la Victoire de Samothrace* », la célèbre statue mise au jour dans l'île grecque de la mer Égée, ex-voto commémoratif d'une victoire navale remportée au début du IIe siècle avant J.-C.

Les cuvettes ont également séduit Gion Ponti, l'architecte italien, André Courrèges, le couturier, qui signera l'un des modèles d'Allia et César, le sculpteur. Elles ne lui ont pas inspiré de compressions, mais il en avait disposé deux, un peu comme des sculptures, remplies de fleurs, dans le jardin de sa maison de Saint-Paul-de-Vence.

Aujourd'hui, la porcelaine vitrifiée et le grès se partagent le marché. Il faut y ajouter les matériaux de synthèse utilisés principalement pour les chasses, baignoires et lavabos. Moins solide et plus facile à travailler, le grès coûte moins cher que la porcelaine vitrifiée qui reste la matière noble pour des fabricants comme Villeroy et Boch. Direction La Ferté-Gaucher pour une courte visite guidée d'une usine V.B. pour les intimes.

Ce qui frappe d'emblée, c'est l'impressionnante quantité de matières premières entreposées : on se croirait dans une carrière ou une cimenterie ! L'argile ici règne en maître. On entre ensuite dans ce qui ressemble à un atelier de poteries sous les tropiques. Il y fait, même en plein hiver, trente-cinq degrés le jour, et jusqu'à cinquante-cinq degrés la nuit, pour permettre à l'eau de s'évaporer, car c'est là que la barbotine obtenue est coulée dans un moule. La cuvette est faite d'un seul bloc.

Chaque ouvrier signe son œuvre. Rien de plus facile de savoir d'où vient l'erreur! Les années ne sont pas parvenues à dompter la barbotine et le mouleur doit compter avec ses défauts. Les cuvettes sont vérifiées une par une puis émaillées. Un travail resté très artisanal.

Pour lui garantir une longue vie, évitez-lui les chauds et les froids. Sans aller jusqu'à installer le chauffage central comme l'avait fait Jean Gabin qui était très frileux, ne la placez pas dans une pièce où elle pourrait geler. Cela lui serait fatal. Et puis préférez les cuvettes suspendues aux autres, c'est quand même le must en matière d'hygiène. Plus de tuyauterie et plus de nid à poussière, un simple coup de balai suffit mais, dans ce cas, il faut une cloison solide. En général, les cuvettes suspendues résistent à une charge de 300 kg. Elles offrent en plus l'avantage de gagner de précieux centimètres dans cet espace réduit et de pouvoir moduler leur hauteur.

Les modèles au design sophistiqué nécessiteront des abattants adaptés, le seul élément de l'ensemble qui colle à la peau et qu'il faudrait essayer avant d'acheter. Une fois assis, le galbe intérieur doit empêcher les fesses de se toucher; il doit même tout faire pour les ouvrir. L'idéal étant qu'il soit arrondi avec une partie plongeante au bout. En plus du confort et de l'esthétique, il évite le froid de la céramique. Sa durée de vie moyenne est de 5 à 6 ans, sauf aux États-Unis où il ne dure que quelques mois. Chez eux, le roi de l'abattant est « soft », en mousse, recouvert de plastique souple de toutes les couleurs dans laquelle on s'enfonce. Dans tous les cas, il faut éviter de monter dessus pour atteindre une étagère. Attention à la chute!

Certains fabricants comme Tissot ou Pressalit en proposent déjà qui s'enlèvent et se remettent en quelques minutes seulement. Ce dernier fabrique la Rolls de l'abattant, en bois (acajou, merisier ou frêne), qu'affectionne, dit-on, Catherine Deneuve. Qu'y a-t-il de plus noble que le bois pour poser ses fesses; matière vivante rencontre matière vivante... Un autre fabricant, Olfa, a mis au point un procédé polymérisé stratifié qui reproduit fidèlement la texture du bois et dont les teintes peuvent s'accorder à celles des céramiques.

Mais si l'on écoutait certains médecins, d'abattant nous n'aurions point besoin, car la position que l'on adopte sur une cuvette nous condamnerait à souffrir de tous les maux : constipation, gastrite, hémorroïdes. Ils affirment même que l'on pourrait guérir sans traitement en adoptant une position physiologique plus adéquate.

Alexander Kira a étudié le problème sous tous ses angles en ergonomiste très convaincu. Cet architecte d'origine américaine a travaillé pour la N.A.S.A. Ses recherches citées par les designers restent lettre morte. Pourtant, ses croquis sont d'une précision étonnante. Il a par exemple inventé un urinoir pour femmes.

Il faudrait, paraît-il, mille fois mieux se servir d'un W.-C. à la turque qui assure des contractions du diaphragme plus efficaces et une meilleure évacuation du contenu abdominal. Dur à admettre, car la position a de quoi vous constiper pendant plusieurs semaines. La première confrontation avec un W.-C. à la turque peut même tourner au drame, la peur au ventre de glisser et les pieds douchés.

Finalement, le débat est du même ordre que celui sur l'accouchement allongé ou accroupi. L'idéal serait la pose adoptée par le *Penseur* de Rodin ! Ainsi donc, il ne faudrait pas déféquer assis, mais au contraire se rapprocher le plus possible de la position du fœtus. Quel fabricant osera?

Les Japonais qui innovent pourtant en matière de W.-C. n'en sont pas là. Les toilettes qu'ils proposent, signées Toto, sont intelligentes. Certaines par exemple sont capables de fournir à son utilisateur un bulletin de santé instantané. Baptisées « asa ichiban » (priorité du matin), elles sont équipées de sensors qui analysent l'urine, prennent la température, la tension et observent le rythme cardiaque. Enregistrées par le contact du corps et du siège, les données transmises par le réseau téléphonique sont traitées par un ordinateur placé à l'hôpital ou chez le médecin traitant. Les résultats sont ensuite communiqués à l'intéressé.

Toto a lancé sur le marché nippon et français par l'intermédiaire d'Allia un « washair » qui rend d'autres services à l'instar du « Propomat » de Gébérit. Une fois assis sur la lunette chauffante, il réagit aux ordres qu'on veut bien lui donner : petit jet directionnel d'eau tiède plus ou moins fort, légère giclée de désodorisant, mince brise d'air chaud pour sécher le tout, le mécanisme ne pouvant en aucun cas troubler l'ordre des choses et se déclencher de façon intempestive.

La firme veut devenir en l'an 2000 le numéro un du W.-C. en s'affirmant « visionnaire » et avec une devise : HUMAN 2000. H pour haute croissance, U pour univers, M pour modernité, A pour agressivité, N pour nouveauté.

Et ce n'est pas un hasard si les Japonais s'intéressent tellement aux lieux d'aisances. Chez eux, le verrou psychologique n'a jamais existé. Les fabricants peuvent innover et les Japonais les vénérer. Le Japon est le seul pays au monde à avoir son « *Toilet day* ». Le 10 novembre, les toilettes publiques s'endimanchent. C'est leur fête. Elle se parent de leurs plus beaux atours et la plus belle d'entre elles est désignée.

Un professeur d'université de Koio, M. Nishioka, a lancé en 1985, une grande croisade nationale contre les quatre K (Kusai, Kurai, Kitanai, Kowai), les quatre maux dont souffriraient ces édicules publics qui seraient malodorants, sombres, sales et pas assez chaleureux. Pourtant, les lieux les plus sales du Japon n'auraient pas à rougir de l'état des toilettes les plus propres de France.

M. Nishioka est réputé et respecté pour ses travaux très sérieux commencés au début des années soixante à l'occasion des jeux Olympiques de Tokyo : « Pour des manifestations de masse comme les J.O., explique-t-il, il suffit d'une seule erreur d'évaluation dans l'utilisation des toilettes par la foule et tout peut sombrer dans la confusion. » Lui aussi s'est penché sur le T.O.T., temps d'occupation des toilettes et a mis en évidence les passages plus fréquents et plus longs des femmes.

Pour arriver à ces conclusions, les étudiants ont chronométré le comportement des passagers du train qui relie Tokyo à Osaka. Le professionnalisme nippon ne recule devant aucun effort : l'un des anciens patrons des chemins de fer nationaux raconte comment les policiers parisiens lui ont mis la main au collet. Avant le lancement du Shinkansen, le train rapide japonais, il est allé faire une étude comparative des toilettes à bord des trains rapides du monde entier. Il s'est mis à quatre pattes dans celles d'un T.G.V., gare de Lyon, le mètre en main, pour mesurer leur superficie. Les Français n'ont guère l'habitude !

Champions, les Nippons, en matière de propreté et d'hygiène. Une obsession qui inquiète les sociologues pour qui si l'amour de la propreté progresse encore, toute tolérance à l'égard des personnes moins soignées risque de disparaître. Les faits leur donnent déjà raison. La police a dû présenter ses excuses à l'ambassade du Pakistan. Un rapport interne recommandait en effet aux policiers de se laver les mains après les interrogatoires des Pakistanais qui souffrent de maladie de peau contagieuse.

Une obsession qui leur permet de parler en toute simplicité des lieux d'aisances et dont on trouve les origines selon Philippe Pons, journaliste au *Monde,* « dans les rites de purification du culte Shinto (religion première du Japon), dans une moins grande inhibition que l'Occident chrétien à l'égard du corps et de ses fonctions et peut-être aussi dans une tradition scatologique dont on trouve des traces aussi bien dans les contes que dans l'iconographie. Une célèbre peinture sur rouleau a pour titre : *Concours de pets.* »

De plus, poètes et conteurs ont toujours chanté les louanges des lieux. Tanisaki Junichoro, leur a rendu le plus bel hommage qui soit. Dans *l'Éloge de l'ombre,* il livre ses réflexions sur la conception japonaise du beau. Il affirme qu'un pavillon de thé est un endroit plaisant mais que seuls les lieux d'aisances de style japonais sont conçus véritablement pour la paix de l'esprit et que c'est dans leur construction que l'architecture japonaise atteint les sommets du raffinement : « Toujours à l'écart du bâtiment central, accroupi dans la pénombre et plongé dans ses rêveries, l'on éprouve, à contempler le spectacle du jardin qui s'étend sous la fenêtre, une émotion qu'il est impossible de décrire (...). Ces lieux conviennent au cri des insectes, au chant des oiseaux, aux nuits de lune aussi ; c'est l'endroit le mieux fait pour goûter la poignante mélancolie des choses en chacune des quatre saisons (...). Comparée à l'attitude des occidentaux qui, de propos délibéré, décidèrent que le lieu était malpropre et qu'il fallait se garder même d'y faire, en public, la moindre allusion, infiniment plus sage est la nôtre, car nous avons pénétré là, en vérité, jusqu'à la moelle du raffinement. Les seuls inconvénients qui peuvent en résulter, poursuit Tanisaki, s'il faut à tout prix en trouver, seraient l'éloignement, et l'inconfort lorsqu'on est obligé de s'y rendre en pleine nuit, et le risque, en hiver, d'y attraper un rhume. »

LEBEAULT.

V

Les architectes au petit coin

« Il est plus facile de supporter la misère lorsqu'on peut chier en grand seigneur. »

Dino Buzzati

Lorsqu'en 1983, Marc Sommereisun présente la déclaration d'intention de son mémoire, la commission qui l'examine considère que le sujet est indigne. Il ne peut se passer de sa bénédiction puisque l'un de ses membres deviendra son directeur d'études chargé de le guider dans son travail. Ce jeune étudiant lyonnais en architecture veut se consacrer aux W.-C. Il sera obligé d'étendre son mémoire à l'« ensemble des sanitaires domestiques, laissés pour compte de l'architecture ».

Bien au-delà de la provocation, il s'agissait pour lui de porter calmement sur la voie publique un débat qui, dans l'habitat privé, ne fait plus l'objet d'aucune discussion architecturale. Mais il est impossible de parler de ce lieu sereinement, il soulève trop de passions!

Le W.-C. est la seule pièce de la maison dont le nom se confond avec son appareillage technique. Jamais les architectes ne se servent du mot évier pour nommer la cuisine ou de celui de lavabo pour indiquer la salle de bains. Entre eux, ils les appellent des chiottes et la langue des Beaux-Arts a inventé l'expression « avoir un esprit de chiottes » pour évoquer quelqu'un de mielleux, capable de tout et surtout du pire, autrement dit un lèche-cul!

C'est rendre peu d'hommage à cette pièce qui a traversé les siècles, ni tout à fait la même, ni tout à fait une autre, sachant s'adapter à toutes les circonstances que la société et ses tabous lui ont imposées. La seule que les années ont promenée de la maison au jardin, du grenier au palier, de la cuisine à l'entrée jusqu'à l'obliger à s'acoquiner avec la salle de bains.

Lorsque l'on remonte le temps, on s'aperçoit que les anciens avaient un certain souci de l'hygiène et du confort que l'histoire a ensuite oublié et occulté. Presque tous les cas de figure ou de derrière (!) que l'avenir leur réserve sont déjà inventés.

Pour les Grecs, c'était Byzance puisqu'ils possédaient tout à la fois des latrines publiques et privées et des chaises percées. Les fouilles de Rome et de Pompéi montrent également que les Romains disposaient des deux. A Pompéi, par exemple, chaque maison comporte au moins un lieu réservé aux latrines plus ou moins confortables et plus ou moins luxueuses : une dalle percée d'un trou qui recouvre un puits circulaire d'un mètre de diamètre. Placées dans la cuisine, elles sont dissimulées dans un renfoncement avec ou sans cloison. On peut aussi les trouver dans une pièce à part, sous l'escalier et dans le vestibule ou à l'écart, au fond de la cour et du jardin. Certaines maisons en comportent deux. Une à l'étage, l'autre au rez-de-chaussée.

Les latrines publiques situées dans le forum, dans les thermes, au théâtre et près des sanctuaires revêtent la forme d'un trou ou d'un siège, en pierre ou en marbre, séparé du voisin par un muret de 80 centimètres environ, afin de permettre aux bras d'avoir un point d'appui comme dans un fauteuil. Une vingtaine de personnes peuvent y tenir salon en même temps et l'eau coule en permanence dans le petit canal auquel elles sont reliées pour assurer l'évacuation et la propreté de l'endroit.

Comme il est écrit dans les dix ouvrages d'architecture de Vitruve « les latrines sont des lieux publics, où vont ceux qui n'ont pas d'esclaves pour vider et laver leurs bassins. »

Au Moyen Age, les latrines privées se situent souvent au centre de la maison, à en juger par le témoignage en 1566 de l'humaniste Henri Estienne qui critique cet emplacement : « Quant à l'endroit de la maison qu'il n'est pas honnête de nommer et toutefois y est nécessaire, ils n'ont pas imité la nature quant à lui choisir sa place. Car au lieu qu'elle a détourné si loin des yeux et du nez la plus vile et malplaisante partie du corps, ils mettaient cette partie de la maison à la vue d'un chacun et comme en parade. »

Comme Henri Estienne n'est pas seul à s'en plaindre, le XVIe siècle remédia à un état de choses vécu de façon honteuse. Dans une ordonnance de 1519, le parlement de Normandie va reléguer les latrines au grenier ou au dernier étage pour éviter les mauvaises odeurs. Ainsi, avec la bénédiction des médecins, elles iront tout droit au ciel, au paradis ou en enfer, on ne sait pas trop ! Mais c'était oublier les tuyaux en terre cuite qui traversent la maison dans toute sa hauteur et qui souvent cèdent sous la pression... Décidément, rien n'est jamais parfait au royaume des latrines !

Et du grenier au toit il n'y a qu'un pas que franchissent certaines demeures dans le Midi. Il est ainsi rapporté que, dans la région d'Aix, d'Arles et de Marseille, « il faut aller faire ses affaires sur les toits des maisons, ce qui empuantit fort les logis et même toute la ville, principalement lorsqu'il pleut ».

Mais la présence des privés au grenier n'empêche pas les pots de chambre et les chaises percées d'avoir des adeptes, et l'on rit de cette fonction naturelle exercée en public, librement et sans complexe au XVIIe siècle. Quand il n'y a ni chaise, ni pot (les exemples ne manquent pas), personne ne se retient pour autant. Au cours d'un bal, le comte de Guiche urina sans sourciller dans le manchon d'une belle trop occupée à danser pour s'en apercevoir. Au cours d'une soirée passée à la comédie, Mesdames de Sault, de la Trémoille et la marquise de la Ferté se servirent du plancher de leur loge pour se soulager. Elles jetèrent ensuite leur matière sur le parterre, au grand dam de ceux qui s'y trouvaient. Ils furent couverts d'excréments et elles d'insultes. La morale fut sauve car on les obligea à quitter les lieux!

Le siècle emprunte à la scatologie ses plaisanteries. On prête à la duchesse d'Orléans des propos peu convenables. En villégiature à Fontainebleau, elle écrit à sa tante, l'électrice de Hanovre, et se plaint, n'ayant pas de chaise percée, d'avoir à se soulager dans le jardin où son « cul ne repose sur rien ». Celle-ci lui répond par une véritable ode à la nature : « Chions partout, il n'y a rien de meilleur. »

A cette époque, offrir des pots de chambre est un cadeau très apprécié. On en trouve en terre (les moins solides car il leur arrive de céder en pleine action), en verre, en argent (Mazarin en possède deux), en étain ou en cuivre (plus légers pour voyager), en faïence et en porcelaine. Madame de Choiseul en offre un si joli à Madame Du Deffand que ses domestiques lui conseillent de s'en servir comme d'une soupière!

Adaptés à la morphologie féminine, ils se nomment des « bourdaloues » en hommage au célèbre prédicateur jésuite de Louis XIV, Louis Bourdaloue, qui en tant que confesseur des dames de la Cour reçoit toutes leurs confidences!

Pour éviter d'avoir à se lever la nuit, les yeux pleins de sommeil pour les vider, les pots de chambre se rangent à proximité, sous le lit ou dans des tables... de nuit, conçues à cet effet. Elles font leur apparition dans les années 1720 au sein des classes aisées et jamais W.-C. ne se seront logés si près de l'homme.

Les chaises percées, qui peuvent être très belles, trouvent refuge dans la pièce attenante à la chambre, la garde-robe. Celle de la Du Barry possède une lunette recouverte de marocain et Voltaire écrit : « Mon cul, jaloux de mes meubles, demande aussi une jolie chaise percée avec des grands seaux de rechange. »

Louis XIII déjà n'éprouve aucune gêne à recevoir sur ce trône et Marais, son bouffon, lui aurait même dit un jour : « Il y a deux choses à votre métier dont je ne pourrais accommoder. De manger seul et de chier en compagnie. » Louis XIII fit des émules : le petit-fils d'Henri IV n'hésitait pas, à l'armée, à s'y installer pour donner ses ordres et écrire ses lettres.

Au XVIIIe siècle, la chaise percée, moquée par Molière, perd de son faste. Comble de l'intimité, un artisan installé rue aux Ours à Paris va jusqu'à proposer d'en fabriquer avec deux sièges accolés dos à dos. On essaie de redorer son blason et de la transformer pour la remettre au goût du jour, mais rien n'y fait : la fin du règne de l'autre trône des rois de France est arrivée et elle se dissimule désormais uniquement dans les chambres des malades.

Parallèlement, les latrines se multiplient car les coutumes et les arrêts du Parlement, sans se lasser, en prescrivent l'établissement. A Paris, les privés redescendent quelques étages et les immeubles construits à cette époque doivent, en principe, en comporter deux, l'un au rez-de-chaussée et l'autre au dernier étage. Mais il faut attendre le 16 avril 1883, pour qu'un docteur, au sein de la commission des logements insalubres de la capitale, recommande que chaque logement en soit pourvu. Il s'agit presque d'une seconde révolution après 1789!

Dans un premier temps, la nouvelle législation ne tient pas compte immédiatement de cette recommandation et préconise un cabinet pour vingt personnes. Nous sommes sur la bonne voie...

Heureusement, le siphon et le tout-à-l'égout arrivent. En 1894, le règlement sur l'assainissement de Paris stipule que « dans toute maison à construire, il devra y avoir un cabinet par appartement, par logement ou par série de trois chambres louées séparément. Ce cabinet devra toujours être placé soit dans le logement, soit à proximité du logement ou des chambres desservies, et dans ce cas fermé à clef ».

Le W.-C. se rapproche mais il n'est pas au bout de ses peines! Il n'en a pas terminé de guerroyer et de déménager pour arriver à se forger une place au sein du foyer! A la campagne, on le relègue toujours au bout du bout du jardin. Installé près du poulailler ou du potager, les excréments abandonnés par leurs propriétaires servent à grossir le tas de fumier. Parfois encadré de rosiers pour le meilleur et pour le pire, il favorise directement la culture de cette fleur. On peut y aller également pour deviser quand il comporte deux, voire trois trous. Leur multiplication permet en fait de nettoyer plus facilement les grandes fosses des familles nombreuses. Elle lui confère un aspect convivial que beaucoup d'entre nous se remémorent avec émotion. Nicole Avril, par exemple, se souvient des conversations qu'elle y entretenait avec sa cousine : « C'était très agréable de continuer notre tête-à-tête ainsi assises l'une à côté de l'autre sans qu'il y ait rupture dans la conversation. » Aujourd'hui encore, la romancière se demande avec qui Georges Simenon pouvait bien s'y rendre à « la Richardière », la maison qu'il possédait tout près de la Rochelle.

Si vous n'avez jamais vu de ces cabinets de jardin à trous multiples, faites-vous offrir un billet pour les États-Unis ou pour le Crazy Horse. Dans le temple du strip-tease parisien, demandez « le bis ». Vous humerez l'odeur des champs dans les petites fleurs du papier peint et vous poserez votre fessier à deux sur la même planche. Presque comme si vous y étiez !

Aux États-Unis, visitez le village de Old Beebage, près de Long Island. Il a été reconstitué avec des maisons d'époque qui datent de cent cinquante ans. Vous y verrez des W.-C. tels qu'on les connaît encore aujourd'hui en Vendée : une cabane avec une sorte de caisse percée de deux trous, côte à côte et séparés de cinquante centimètres seulement, qui vous font danser une drôle de danse, cuisse contre cuisse.

Les cabinets humides et solitaires, retirés dans des coins de sombres jardins, favorisaient les fantasmes car ils imposaient de suivre tout un rituel, toute une cérémonie, d'autant qu'il fallait se retenir le temps du voyage. Une sorte de parcours initiatique surtout la nuit lorsqu'il fallait serrer dans la main une lampe pour s'éclairer ! Les charmes de ces cabinets de province ont ému les Frères Jacques qui ont su passer outre le tabou et les célébrer en chanson :

« Nous sommes les petits cabinets,
Les petits cabinets de province.
Ceux que l'on évince
Que l'on met très loin, très loin,
Tout au fond des jardins,
Près des tas de fumier,
Des volières, des chenils, des écuries,
Des basses-cours voire même des vergers. (...)
Nous sommes sales et laids, on nous néglige. (...)
Notre ouverture est béante, géante,
Le regard plonge à l'infini.
On n'en voit pas le fond, ironie.
Pour nous, point d'élégance,
Point de cuvette de faïence,

Point de bouton faisant jaillir
Un hygiénique tourbillon,
Point de petit balai de chiendent.
Nous sommes dégoûtants. (...)
Car, nous ne sommes que des petits cabinets,
Des petits cabinets de province.
Ceux que l'on évince.
Et bien soit, nous acceptons la guerre
Et nous serons les prolétaires. »

Nous y voilà; ils n'affichent pas tous une propreté exemplaire. « J'ai commencé ma vie sans chiottes, précise Alphonse Boudard. Nous étions plusieurs à préférer aller nous soulager dans les champs. Le luxe suprême consistait, quand nous le pouvions, à emporter une bêche avec nous pour recouvrir et enfouir notre don à la nature. »

Se soulager dans la nature procure un singulier bien-être illustré par la chanson destinée aux enfants : « Faire pipi sur le gazon pour arroser les coccinelles, faire pipi sur le gazon pour arroser les papillons. » Illustré également par un inconnu du XIXe siècle :

« *Pour moi, que je suis las de chier dans les villes.*
Ô séjour du bonheur, ô campagnes fertiles,
Quand donc vous reverrai-je, et, dès le grand matin,
Planterai-je un étron dans mon petit jardin? »

Aujourd'hui, le cabinet de jardin retrouve des adeptes et ne sert plus à récupérer l'engrais humain. Grâce à la vue que l'on y découvre, il favorise la méditation. Pour Michel Cantal-Dupart, depuis longtemps convaincu, la contemplation de la nature et de la terre pendant ce moment privilégié et « déconnecté » permet à la pensée de prendre son indépendance. Le W.-C. de sa maison de vacances s'ouvre sur les Landes à perte de vue. Il n'en a pas conçu d'autre, ce qui lui permet peut-être l'hiver de compter ses vrais amis et d'éloigner les faux ! Si, l'été, ces cabinets de jardin sont prétexte à de vrais moments de poésie, ils sont l'occasion de frimas épouvantables l'hiver.

Mais, après cette bouffée d'air pur, revenons à la ville où les bâtisseurs continuent à implanter les cabinets le plus loin possible du logis, dans la cour ou sur le palier, avec un point d'eau qui dessert plusieurs appartements et plusieurs chambres. Les W.-C. sur le palier subsistent dans les constructions qui datent d'avant 1948 et lorsqu'on les évoque devant Georges de Caunes, il se souvient qu'il leur doit d'avoir arraché un dernier sourire à Benoîte Groult, quand le couple a décidé de se séparer en 1951. C'est elle qui restait dans la maison où ils avaient vécu ensemble, rue Pierret à Neuilly, et elle lui demanda s'il n'avait pas une idée spirituelle à lui donner, pour faire rire ses invités contraints de sortir pour aller aux toilettes. Cela les gênait toujours d'avoir à le préciser. Valises à la main, sur le même palier, il lui conseilla d'écrire au-dessus de l'étrange lunette : « Quel bon vent vous amène ? »

Dans les annales des Assises de Paris, on trouve un procès qui constitue, selon James de Coquet qui le relate dans *le Figaro* du 22 décembre 1981, un modèle du genre. « Deux retraités, voisins de palier, se partagent l'usage de la même commodité. Manque de chance : leurs tractus digestifs respectifs sont accordés comme deux stradivarius. Dès la fin du bulletin des " infos " de huit heures, chaque organisme éprouve le besoin de s'exonérer. Le premier arrivé se barricade dans la place. L'un avec son journal. L'autre avec sa radio. Les invitations à se dépêcher, les injures, les coups de pied font la joie de l'assiégé. Les murs et la porte de l'isoloir se couvrent de graffiti où chacun vilipende la mentalité et le colon de l'autre.

Un jour, n'y tenant plus à tous égards, l'un de ces paisibles veufs prend son fusil de Manufrance, enfonce la porte et tue son rival à bout portant. Cette affaire sordide est une réédition de l'assassinat du duc de Guise. Sauf que l'assassiné n'avait pas un drageoir à la main avec des prunes de Brignoles et que le trône qu'on voulait sans partage était muni d'une chasse d'eau. »

Parallèlement à cette carrière en palier, le W.-C. va réussir sa percée à l'intérieur du foyer d'où personne ne songerait plus désormais à le déloger. Il sort enfin de l'anonymat mais ne trouve pas pour autant sa place définitive. D'abord relégué près des communs et de la cuisine, il va peu à peu se rapprocher de l'entrée et des pièces où l'on vit la nuit, sans toutefois se loger aussi près du lit que les pots de chambre.

Pour Christian Moreau, l'étrangeté du lieu réside dans le fait que les architectes l'inscrivent avec beaucoup de difficulté dans leurs esquisses. A la fois must de l'intimité et accessible aux invités, c'est le seul endroit avec le salon où tout le monde est censé pouvoir se rendre. Lieu public et lieu d'intimité, cette ambiguïté le différencie de la salle de bains : « Il ne faut pas traverser un no man's land pour y accéder en pleine nuit par exemple mais il doit se raccrocher à ce que nous appelons la partie jour, c'est-à-dire les pièces de réception ou plus prosaïquement le salon! »

Mais attention à ne pas les placer trop près des pièces où l'on reçoit, comme la salle à manger. Josiane Balasko en connaît les conséquences. Il fut un temps où, lorsque ses amis venaient dîner chez elle, ils entendaient glouglouter la chasse et le reste... tout en dégustant les plats qu'elle leur avait mijotés. Ce n'était pas du plus bel effet! Ils s'en sont confiés à l'actrice. Du coup, elle a démoli son petit coin qui trône désormais à l'écart et chacun peut s'y comporter comme il l'entend sans incommoder l'autre.

« Le mieux étant de l'insonoriser pour se protéger des bruits du genre "plouf!" précise Pierre-Yves Guillen, journaliste au *Quotidien de Paris.* Je sais que la reine d'Angleterre l'a fait pour les lieux dont elle dispose au palais de Buckingham. Pas question d'entendre ses ploufs fussent-ils royaux! Il ne faut pas non plus hésiter à en mettre partout. Lorsque je suis invité en week-end, le test, c'est les chiottes communes. S'il n'y en a qu'une je n'y retourne pas! »

Les architectes qui l'installent jusque dans les années soixante dans l'entrée en tenant compte de la tradition de l'immeuble bourgeois préfèrent aujourd'hui le placer à proximité des chambres. Ils n'hésitent pas non plus à les multiplier quand la surface l'autorise, certains allant même, ce qui peut paraître un sacrilège, jusqu'à le faire cohabiter avec la salle de bains.

La France reste l'un des rares pays occidentaux à ne pas aimer mélanger baignoire et cuvette, même s'il existe une tendance qui déroge actuellement à cette tradition. Elle nous vient à l'origine d'un promoteur américain de maisons individuelles, Kaufman and Broad, qui, il y a trente ans déjà, construisait des pavillons de six chambres sans aucun « ouaoua » indépendant. A l'époque, plus d'un acheteur en a été déconcerté et aujourd'hui encore le débat n'est pas clos.

Pour Patrick Rubin, de l'agence Canal, il y a la même élégance d'esprit à installer un W.-C. à l'extérieur de la maison dans les campagnes que de le séparer du cabinet de toilettes dans les villes. L'intérêt que l'on ne peut dénier à ce mariage est que désormais, grâce aux sanibroyeurs, il permet d'en installer beaucoup plus facilement.

Le W.-C. a-t-il terminé sa course folle ou bien lui reste-t-il encore du chemin à parcourir? Certaines expériences « soixante-huitardes » ont essayé de le déstabiliser, mais il a résisté, sachant qu'il y perdrait son âme. Ainsi, celui du philosophe marxiste, Henri Lefèvre, trônait-il au milieu du salon.

Mais le cabinet n'exige pas autant d'égards et l'on se doit de lui garder un caractère d'intimité. La porte nous protège des autres. Pour y entrer comme dans une maison, il faudrait simplement qu'elle s'ouvre vers l'intérieur, ce qui est interdit dans les lieux publics pour raison de sécurité.

Un architecte ne peut imposer à quiconque de s'exhiber en public. « Cela ne me viendrait pas à l'idée de l'installer de manière ouverte comme un trône, explique Walter Lang. J'aime donner l'impression qu'il est bien protégé. Dans les maisons individuelles que je construis, j'essaie toujours de réaliser une cassure entre partie publique et partie privée. Si la hauteur sous plafond est importante, je traite ce lieu comme une petite maison. Avec ce côté ludique, les enfants se l'approprient facilement. »

Alors quelle importance leur accorder en surface... ? Architectes et promoteurs à eux seuls lui font bien mériter son nom de petit coin et l'on pourrait leur donner à méditer la description que l'écrivain italien Dino Buzzati fait de sa maison idéale : « Une entrée minuscule, un couloir étroit, une salle de séjour pitoyable, une chambre triste, des meubles très modestes, (...) des lampes peu pratiques, (...) dans l'ensemble une atmosphère de gêne. En ce qui concerne les chiottes, cependant, au moins quarante mètres carrés, du marbre, des faïences, une robinetterie somptueuse (...), des lustres triomphaux, d'immenses miroirs biseautés, (...) des tourne-disques stéréophoniques, avec une discothèque importante, bref, un luxe effréné, une débauche d'espace, l'envie de se promener nu dans tous les sens, peut-être au pas de course. Pourquoi nos architectes ne construisent-ils pas de pareilles maisons ? » Oui, pourquoi ? La réponse renvoie évidemment aux petites surfaces des logements moyens de cette fin de XXe siècle. Lorsque dans soixante mètres carrés, il faut caser trois pièces, une grande cuisine, une grande salle de bains, une entrée et des placards, comment voulez-vous lui consacrer de l'espace? Lorsque le prix du mètre carré s'envole, il ne faut pas en gaspiller dans ce lieu.

Les W.-C. construits de nos jours mesurent en moyenne 80 cm de large sur 1,25 m de long et il n'existe aucune volonté réelle d'y consacrer de l'espace dans l'habitat privé. Roland Castro leur attribue dès qu'il le peut 90 cm de large : « Question de confort pour éviter qu'ils ne soient ridiculement petits. » Dix centimètres de plus ne changent sûrement pas la face du monde mais ils concourent à donner une impression d'espace et c'est l'impression qui compte!

L'installer dans la salle de bains revient à lui donner de la place et à en gagner mais la réglementation dans l'habitat social l'interdit. Quoiqu'il en soit, les deux pièces ne sont jamais éloignées l'une de l'autre afin de se raccorder pour des raisons économiques sur la même gaine d'évacuation. Et pour obéir au code de la construction les handicapés doivent pouvoir y accéder en chaise roulante sans avoir à démolir une cloison porteuse.

Question d'odorat cette fois, la réglementation impose un sas, autrement dit deux portes entre lui et la pièce principale avec laquelle il communique.

Familier et banalisé, le W.-C. n'a pas grande importance à l'intérieur de la maison. A l'extérieur non plus. La ventilation mécanique lui a été fatale car elle a supprimé sa signature architecturale sur la façade. Les fonctions ne s'affichent plus au grand jour. En effet, devenu pièce secondaire, il n'est plus obligé de posséder une fenêtre ce qui donne des immeubles plus compacts. Fini les petites niches qui servaient à mettre le pot de chambre, comme on en voit encore en Corse. Fini les latrines médiévales qui s'accrochaient comme des bow-windows sur la façade des châteaux et qui permettaient l'évacuation directe dans les fosses. Cette petite bretêche renfermait un siège suspendu dans le vide. Ces latrines étaient considérées comme un bon moyen de se défendre de l'ennemi jusqu'au jour où les soldats de Philippe Auguste eurent l'audace et le courage (narines bouchées sûrement!) de pénétrer dans celles installées par Richard Cœur de Lion sous la chapelle du château Gaillard des Andelys... Et fini la petite fenêtre qui ouvre sur le large et la méditation à condition toutefois de ne pas lui tourner le dos.

Pourtant, promoteurs et architectes devraient garder à l'esprit que si, luxe suprême, une fenêtre laisse entrer la lumière du jour dans ce lieu, le vendeur en deviendra poète voire lyrique et vous avec lui... J'en connais que cela déciderait à acheter ou à louer un appartement.

Les vendeurs du groupe Pelège connaissent les arguments qui font mouche. Ils insistent donc sur la fenêtre, précisent quand il ne concubine pas avec la salle de bains (encore que cela soit systématique pour les logements qui comportent plus de deux pièces principales), mentionnent s'il en existe un à chaque étage pour les duplex. Enfin, si la pièce comporte un lave-mains, ils en vantent les mérites. Les Français se laisseront convaincre car ils détestent dévoiler leur intimité et montrer leur salle de bains. Pourtant certains de ces lavabos sont si minuscules qu'il vaudrait mieux ne pas en mettre, car en revanche, on en met partout en se lavant les menottes.

« C'est une pièce de l'appartement très importante pour moi, précise Alain Chabat, digne représentant des Nuls. J'y reste une heure par jour en moyenne. J'aime les W.-C. pas trop grands, les sortes de mini-placards. Si j'avais à les aménager ou à les décorer, j'y mettrais une montagne de planches de B.D. ou de photos. J'y mettrais également une glace sur le dos de la porte pour que l'on puisse se regarder en train de chier. Je l'avais proposé à ma femme, mais elle y a mis son veto. Elle n'y reste, elle, que quatorze secondes par jour... »

« Moi, rétorque le professeur Choron, je ne veux pas entendre parler de placard. Je veux un salon, un vrai grand salon, le dernier où l'on cause. Dites-moi pourquoi ne pourrait-on pas chier à plusieurs ? L'un de mes rêves serait que l'on puisse y être assis comme dans un T.G.V., avec un dossier. C'est primordial un dossier dans ces moments-là ! » Qu'il fasse donc comme Brigitte Bardot dans *le Mépris*. B.B. n'hésite pas à prendre la cuvette des W.-C. pour un fauteuil, le dos appuyé sur la chasse, cigarette au bec, discutant à bâtons rompus avec Michel Piccoli. Le décor, il est vrai, prête à la réflexion. Le film a été tourné dans l'étonnante villa du philosophe Curzio Malaparte à Capri.

De toute évidence, l'endroit tout comme sa décoration ne doit pas être sacrifié, mais le lieu se prête-t-il à toutes les folies ? Atalanta de Castellane aimerait qu'un jour l'un de ses clients la laisse incorporer une matière vivante comme des coquillages aux revêtements muraux : « Des cordelières, de la passementerie, des trompe-l'œil, des fausses moulures, de la folie dans le décor, je suis pour, à condition de ne pas oublier l'un des aspects pratiques fondamentaux. Le petit coin est un lieu de grand rangement et, dans les appartements anciens, il ne faut pas hésiter à aménager de faux plafonds en placard. » « Pour ma part, je déteste les décors " chichi " du genre auberge de charme de Barbizon ou palais des mille et une nuits. Des chiottes de sultan, non merci, précise Daphnée de Saint-Sauveur, rédactrice en chef de *Maison et Jardin*. Mais je trouve qu'il faut traiter l'endroit avec la même considération et les mêmes efforts que le salon. Il doit être propre et repeint régulièrement. Après tout, ici également, on reçoit. »

Lorsque l'on fait l'état des lieux, on s'aperçoit qu'une triste réalité se cache derrière les beaux discours : la

France reste le pays de l'apparat. Le pays de la commode Louis XVI installée en évidence dans le salon et du W.-C. antique caché dans les toilettes! « Avec un hall en marbre, on essaie d'épater le bourgeois, commente Jean-Jacques Fernier mais un superbe W.-C. c'est plus fort. Ce n'est plus du tape à l'œil. C'est là que l'on peut juger les gens! »

Dans ce cas, que penser du ministre du Commerce et de l'Artisanat? Le ministère dispose d'un merveilleux hôtel particulier qui donne sur un jardin et sur la Seine, à quelques mètres seulement du musée d'Orsay. Monsieur le ministre en représentation vous reçoit dans un superbe bureau dont les meubles font partie du mobilier national. Mais, entre deux rendez-vous, pour s'exonérer, il s'éclipse, seul face à lui-même, dans un trou à rat, minuscule et sombre comme il se doit et auquel on accède de par un réduit encombré de cartons. Et il n'est sûrement pas le seul ainsi!

Que penser également de Gianni Versace, lorsqu'il invite des journalistes à Milan afin de leur présenter son nouveau parfum? Les trois jours fastueux auxquels il les a conviés se terminent par un dîner dans le palais princier du couturier italien. Enfilade de quarante-cinq pièces, dix mètres sous plafond, des collections plus sublimes les unes que les autres, des bustes antiques, des fresques..., la beauté de ce palais est telle que l'on préfère y chuchoter. Les tables en marbre ont été dressées avec des chandeliers par des hommes en livrée et en gants blancs. Une coupe de champagne à la main, tout ce beau monde s'extasie sur les senteurs du jardin, lorsque l'un des journalistes conviés à la fête demande à s'absenter pour aller aux toilettes. Des toilettes immenses avec des tapis, des statuettes et un banc d'église comme pour prendre le temps d'attendre. Mais c'est là que le conte de fée se termine brusquement : la lunette est sale (il ne s'agit pas d'une saleté récente mais d'une souillure qui s'est incrustée au fil des jours), et savonnettes et serviettes s'avèrent douteuses. Les journalistes ont défilé les uns après les autres pour vérifier l'incroyable! Il leur fut difficile ensuite de goûter aux mets raffinés qu'on leur servit : la saleté des toilettes avait dans leur tête contaminé tout l'espace du palais de Gianni Versace...

Pour Francis Breitmann, le lieu est riche de signification dans l'immobilier de bureau, où il donne une idée des rapports que le chef d'entreprise veut instituer avec son personnel. Il permet d'avoir une image plus précise de sa considération pour ses collaborateurs. Pour cet architecte, si le maître d'ouvrage pinaille sur les dépenses de sanitaires pour économiser des bouts de chandelle, il préfère presque renoncer au projet. Cela signifie que les bureaux dans leur ensemble seront mal perçus et mal entretenus par la direction. « Rien n'est pire que l'ambiance clinique! L'éclairage ne doit pas tomber au ras du visage pour ne pas mettre en évidence les cernes et les poches sous les yeux. En revanche, il ne doit pas donner aux femmes l'envie d'y rester trop longtemps. Elles ne doivent pas confondre toilettes et coiffeuse!

Dans les fastfoods, la lumière doit tirer vers le bleu, car ainsi on éprouve quelques difficultés à repérer ses veines. Pour éviter également que les jeunes viennent s'y droguer, je bannis l'eau chaude qui leur sert à chauffer la petite cuillère. »

Roland Castro se dit persuadé que les toilettes d'une usine peuvent favoriser la productivité. Et de citer celles qu'il a construites pour Thomson à Maxeville près de Nancy. Elles tiennent de l'œuvre d'art avec leurs grands systèmes de barres à la Buren et leurs rampes de maquillage comme dans des loges d'artistes. « Elles ont été spécialement pensées pour les femmes, nombreuses à venir travailler dans cette usine qui enregistre pourtant le taux le plus faible d'absentéisme. » « De plus, la beauté des lieux empêche le vandalisme, renchérit Jean-Louis Berthet. Plus les matériaux sont sophistiqués et moins on les abîme car, à ce moment-là, c'est le plaisir des yeux qui prime! »

Alors comment expliquer la différence de traitement que lui réservent les architectes, selon qu'ils le conçoivent pour une habitation à usage privé ou public? Dans ce cas, nous l'avons vu, les petits coins valent bien les grands et les discours leur donnent de telles lettres de noblesse que l'on peut s'interroger sur leur destination finale.

L'exemple du Louvre montre bel et bien que ce lieu pas commun s'inscrit dans un projet architectural. Les toilettes de la Pyramide réalisées sous la férule de Pei sont à l'image de la structure, élégantes, sobres et raffinées. Placées très logiquement près des vestiaires, on ne les cherche pas. On les trouve sans avoir à les demander.

A quelques dizaines de mètres seulement, celles du Louvre médiéval, sans doute oubliées dans le budget de la restauration, relèvent d'une conception passéiste. Rien ici ne rappelle la beauté des pierres et des fondations récemment mises à jour. Et la phrase d'Antoine Grumbach qui sonne comme une boutade prend alors tout son sens : « On peut juger de la qualité architecturale d'un bâtiment public par ses seules toilettes. »

Sachant que l'habitat privé hérite souvent des innovations des bâtiments publics, espérons qu'un jour prochain les architectes donneront à notre corps le W.-C. qu'il mérite.

VI

Le péril fécal

> « Aujourd'hui, la condition ouvrière, à cause du travail réalisé sans hygiène sur des machines nées de la révolution industrielle, oblige l'ouvrier à se laver les mains avant d'aller pisser quand le bourgeois se les lave seulement après. La victoire du prolétariat sur le capitalisme sera entière quand ouvriers et bourgeois se les laveront ensemble. »
>
> Karl et Groucho Marx

Attention au péril fécal ! C'est par la main qu'il arrive sans crier gare. Il débarque là où on ne l'attend pas. Le péril fécal change de mains beaucoup plus vite qu'on ne le croit. Il a toujours la main heureuse et ne renonce jamais à passer la main. Le péril fécal est d'autant plus transmissible de la main à la main que l'on prend les choses à pleines mains. Il prête la main à toutes sortes de maladies qu'il est difficile par la suite de reprendre en main...

Autrement dit, au risque de troubler la paix des ménages les plus unis, sachez que l'on n'attrape aucune maladie honteuse en s'asseyant sur un cabinet. Certes, il y a toujours des petites choses qui traînent sur la cuvette ou sur la lunette comme le montre l'enquête accablante du docteur Tournade, président du Centre d'études et de recherches d'hygiène appliquée, réalisée en 1884.

Plus de 86 % des toilettes publiques sont contaminées par des staphylocoques, des anaérobies, des moisissures, des levures et des champignons. Mais tous ces micro-organismes malgré leur bonne-mauvaise volonté n'arriveront pas à s'incruster si vous prenez une douche ou un bain quotidiens : « C'est vrai mais point trop n'en faut. Les toilettes des lieux publics n'ont pas de réglementation à proprement parler. Les essuie-mains et les savonnettes sont des bouillons de culture allégrement approvisionnés par les usagers collectifs. »

Suivons en effet l'itinéraire d'une main gâtée. Elle appuie sur la poignée pour ouvrir et fermer la porte et sur l'interrupteur pour allumer. Elle rabat l'abattant si besoin est. Elle prend du papier et fait son œuvre, bien ou mal, et tire la chasse. Rebelote pour sortir avant de s'être lavée. Elle appuie, de nouveau, sur la poignée puis sur l'interrupteur. Elle prend le savon, ouvre le robinet et le referme à l'endroit précis où elle s'est posée sale quelques instants auparavant. Enfin, dernière opération, elle s'essuie pour clore une série de gestes censés l'avoir nettoyée. En fait, la plupart du temps, soit les mains sont mal lavées soit elles se recontaminent. Sans aller jusqu'au « lavage chirurgical », il faudrait les frotter énergiquement, les laisser sous l'eau une minute, puis les essuyer soigneusement.

Pas question de le faire sur un misérable torchon qui grouille de bactéries ou sous une soufflerie. L'homme pressé prend rarement le temps d'attendre la fin du mécanisme. Il part les mains encore humides et les microbes, qui adorent l'air chaud, y prolifèrent sans l'ombre d'une hésitation. De plus, la soufflerie utilise l'air ambiant sans le garder suffisamment longtemps à l'intérieur de la boîte pour le stériliser.

Non, des mains, cela s'essuie sur un textile, à usage

unique, et il ne faut pas lésiner sur la qualité du textile. Le 100 % coton convient à merveille car il frictionne et débarrasse la peau de ses impuretés, sous réserve, bien sûr, que chacun s'essuie sur un morceau qui lui soit exclusivement réservé. Mais curieusement, les souffleries bénéficient d'une excellente image de marque auprès du grand public et de certains professionnels. La confusion règne dans les esprits modernes entre l'hygiène véritable et sa symbolique qui se résume à ses aspects ostensibles : l'absence de contact et la peur de l'inconnu qui se propage avec le développement du sida.

Les vendeurs de W.-C. peu scrupuleux se sont servis de l'argument pour vendre des cuvettes en porcelaine vitrifiée dans les premières années où l'on a découvert le virus. La porcelaine coûte plus cher que le grès, matériau, il est vrai, poreux. Certains profitaient de la crédulité des acheteurs pour prétendre que l'on pouvait attraper le sida sur un siège en grès. « Comme dit mon médecin, racontait Coluche, le sida, ça peut aussi s'attraper dans les toilettes mais ce n'est pas la position la plus confortable. »

Rien ne sert donc de se contorsionner pour monter à pieds joints sur la cuvette afin d'éviter de poser son fessier. Vous risquez de vous casser le pied qui viendra s'encastrer dans la garde d'eau. Les pompiers interviennent très souvent pour en déloger.

Rien ne sert de poser des Kleenex sur la lunette ou d'enflammer la cuvette avec de l'alcool à 90 degrés pour la désinfecter comme l'héroïne de Marie Cardinal dans *les Mots pour le dire.* Si vous ne prenez pas grand soin de vos mains, vos efforts resteront vains. Personne n'y songe. Irène Frain par exemple, lorsque les lieux sont sales, précise qu'elle évite tout contact « avec ladite chose, qu'elle se pince le nez, sort très vite et, parfois, renonce à son projet ».

Il faudrait installer une caméra dans les toilettes d'un

restaurant pour savoir combien de personnes reviennent à table après s'être lavé les mains. Les femmes y penseront plus. Reste que les croyances collent à la peau... des fesses.

Jean-Marie Berube habite au Québec. Un jour, il lit dans la presse le témoignage d'une dame qui se plaint d'avoir contracté un virus dans des toilettes publiques. Cela lui donne l'idée d'inventer un microbicide en format de poche. Il suffit de pulvériser l'endroit où l'on veut s'asseoir pour le stériliser. Ce « killer » est commercialisé avec l'autorisation des responsables canadiens de la santé en 1984 et baptisé d'un nom ravageur : « 750, Votre Agent Secret ». Sa carrière ne fut pas celle escomptée, et des produits de ce type existent sur le marché.

Certes, il est des lieux où l'on doit prendre des précautions particulières, le milieu hospitalier par exemple. En pratique, c'est souvent l'inverse. Les toilettes du rez-de-chaussée de l'hôpital Cochin ressemblent au système hospitalier français déserté par le personnel médical : on n'y trouve ni savon, ni essuie-main, ni papier. En revanche, la rouille a fait son œuvre.

Autre exemple, celles du service fort réputé de neurochirurgie du professeur Hirsch à l'hôpital des enfants malades de Necker. Il y a des chambres mère-enfant, une école avec une institutrice, un ordinateur et des jeux merveilleux, des rideaux, parfois même des doubles rideaux. Les locaux refaits à neuf sont somptueux. Dans les toilettes attenantes aux chambres des enfants, les abattants et les armoires sont déjà cassés.

Dans la vie de tous les jours, il est rarissime que quelqu'un se promène avec un énorme furoncle à la fesse ou avec une infection urinaire et, pour l'instant, les médecins n'ont jamais mis en évidence de germes sauteurs!

Les « cover-seat » ou encore « sanisièges » permettent

d'avoir la conscience tranquille. Elis ou « le propre en action » installe un procédé breveté en Suisse : on appuie sur un bouton et un film plastique totalement imperméable se déroule autour de la lunette.

Les établissements où l'impression d'hygiène doit primer s'en dotent. C'est le cas notamment des clubs de remise en forme, des kinésithérapeutes et des coiffeurs. En revanche, les restaurants de cuisine traditionnelle n'en voudront pas car ils perturbent l'ambiance « cosy » du décor. Aujourd'hui, Elis n'en installe que dans les toilettes pour femmes.

Au début, les sanisièges tombaient en panne au bout de quelques mois. Le moteur qui déroule le mécanisme s'oxydait. Les techniciens, appelés en renfort, se sont aperçus que ces problèmes se produisaient uniquement dans les toilettes pour hommes. Avec leur manie de choisir des cibles, ces derniers s'amusaient à pisser en visant la serrure qui permet d'accéder au moteur. Le service marketing avait omis d'envisager cette hypothèse avant de commercialiser le produit !

Si les fesses donnent l'illusion, sur le plan de l'hygiène, d'être la face visible de l'iceberg, les mains, elles, en représentent la face cachée et leur propreté joue un rôle capital.

Beaucoup d'épidémies, transmises par voie digestive, lient leur sort au péril fécal. Elles se transmettent par les microbes éliminés avec les selles qui peuvent contaminer directement ou indirectement la nourriture et l'eau. C'est le cas notamment de l'amibiase, la typhoïde, la salmonellose, le choléra. André Dodin, responsable du choléra à l'Institut Pasteur explique : « Imaginez le volume d'eau qui tombe des chutes du Zambèze en une minute, et vous aurez la production mondiale de diarrhée en vingt-quatre heures. Les deux tiers de l'humanité souffrent de diarrhée faute de W.-C. Le choléra et les maladies diarrhéiques ne pourront pas disparaître du globe tant que l'on ne respectera pas les règles élémentaires d'hygiène partout sur terre. »

Ce manque d'hygiène résulte de traditions et de coutumes locales. Le choléra a toutes les raisons de ne pas vouloir quitter les pays d'Afrique de l'Ouest où il s'est installé en 1970. Les Africains font leur toilette anale à la main, avec de l'eau tirée d'une boîte de conserve. Ils s'essuient à peine sur leur boubou et reprennent ensuite leur vie sociale faite de salutations. Ils portent la main, toujours en sueur en raison de la chaleur, au front, à la poitrine et se la serrent longuement. Pendant le repas traditionnel, tout le monde puise à la main dans la gamelle posée à même le sol. Les germes sont mis en commun et il est impossible d'y échapper!

Ni chauvins, ni racistes, ces germes se transmettent au-delà des frontières. André Dodin raconte deux cas qu'il a été amené à étudier. Le premier se déroule durant des fêtes de Noël. Des habitants du XVIe arrondissement de Paris souffrent de dérangements intestinaux que l'on pouvait attribuer aux excès des fêtes de fin d'année : « Mais j'ai trouvé l'autre explication : ils avaient mangé des fraises sans les laver. Les fruits étaient ramassés dans des jardins potagers de Dakar où sévissait une épidémie de choléra. Nul n'ignore que l'engrais naturel qui ne coûte rien est l'engrais humain et les ouvriers agricoles allaient se soulager dans le jardin, s'essuyaient comme ils le pouvaient et revenaient cueillir les fruits. Le vibrion cholérique vit sa vie pendant deux ou trois jours. A peine ramassées, les fraises étaient embarquées plus ou moins contaminées à bord d'un avion. Destination Paris où elles étaient aussitôt vendues dans une épicerie de luxe. L'anus des Sénégalais de Dakar se trouvait à douze heures de la bouche des habitants du XVIe arrondissement. »

Quelques années après, le propriétaire d'un grand club de vacances fait appel à André Dodin, pour résoudre un problème qui empoisonne l'un de ses centres. Quarante-huit heures après l'arrivée, des « charters » entiers se retrouvent cloués aux toilettes. Certes, il est difficile de ne pas succomber aux sirènes des buffets. Certes, certains germes locaux auxquels résistent les autochtones, mènent la vie dure aux nouveaux arrivants. Mais ces paramètres n'expliquent pas tout.

« J'ai fait de très longs stages en cuisine. Comme les toilettes des cuisiniers sont rarement entretenues, ils préfèrent se soulager dans la nature. Ils s'essuient avec des pierres ou des feuilles, ne se lavent pas les mains et reviennent illico couper leurs tomates ou autres légumes crus. Il fallait vivre avec eux pour s'en apercevoir. Les cuisiniers ont eu l'interdiction de travailler les mains nues sans les avoir plongées auparavant pendant quinze secondes dans une cuvette d'eau javellisée, et tout est rentré dans l'ordre. Il est arrivé que, dans une usine, trois cents personnes se contaminent uniquement en se serrant la main pour se dire bonjour ! Moralité, comme le dit Prévert : “ les amibes de nos amis sont nos amis. ” »

Fort de cela, l'épidémiologiste s'attache à mettre en évidence les facteurs qui favorisent la transmission du péril en étudiant simultanément malades et bien portants. Prenons le cas de ce que les médecins appellent de façon triviale le « syndrome du restaurant chinois ». Des amis qui ont mangé le même plat au restaurant vont passer la nuit à faire l'aller-retour aux toilettes, en se disant à tort qu'ils ont mal digéré. En fait, ils ont avalé un aliment contaminé. L'enquête de l'épidémiologiste, digne de celle de Sherlock Holmes, va permettre d'accabler le ou les aliments à l'origine de l'infection alimentaire.

Pour être malade, il faut avaler un grand nombre de ces bactéries en même temps ou une toute petite quantité en dehors des repas. Dans ce cas, ils prolifèrent car, faute d'acide, ils gagnent l'intestin à toute vitesse. Des milliers d'Américains furent malades durant tout un Noël à cause de crottes (?) en chocolat roulées par un cuisinier aux mains sales.

Les toilettes des cuisiniers doivent donc être irréprochables. Il faudrait inscrire à leur intention, en lettres d'or, ces vers qui émanent d'un ami de George Sand, Charles Nodier :

« Vous qui venez ici dans une humble posture,
Débarrasser vos flancs d'un important fardeau,
Veuillez quand vous aurez soulagé la nature,
Et déposé dans l'urne votre modeste cadeau,
Épancher dans l'amphore un courant d'onde pure,
Et laisser l'appareil aussi luisant que beau. »

Version désuète de « Veuillez laisser cet endroit aussi propre en sortant que vous l'avez trouvé en entrant. »

Les militaires connaissent les risques de la contamination de l'eau et des aliments. Lorsqu'ils bivouaquent, ils tiennent compte de l'écoulement des eaux et de la direction du vent, pour installer leurs toilettes de fortune. Déjà Moïse, grand législateur devant l'éternel, recommande dans le Deutéronome, chapitre XXIV : « Quand tu marches en corps d'armée contre tes ennemis, tu devras te garder de toute action mauvaise. S'il se trouve dans tes rangs un homme qui ne soit pas pur par suite d'un accident nocturne, il se retirera du camp où il ne rentrera pas. Aux approches du soir, il se baignera dans l'eau, et une fois le soleil couché, il rentrera dans le camp. Tu réserveras un endroit en dehors du camp où tu puisses aller à l'écart; tu auras aussi une bêchette dans ton équipement et quand tu iras t'asseoir à l'écart, tu creuseras la terre avec cet instrument et tu en couvriras tes déjections. Car l'éternel ton Dieu marche au centre de ton camp pour te protéger et te livrer tes ennemis : ton camp doit être sain. Il ne faut pas que Dieu voit chez toi une chose deshonnête car il se retirerait d'avec toi... »

Lorsque le campement n'excède pas deux ou trois jours, l'armée installe des latrines à fosse superficielle : pour une centaine d'hommes, cinq trous, de 30 cm de large sur 60 de long, espacés de 90 cm pour éviter que les cuisses des soldats ne se frôlent. Cela ferait mauvais genre !

Chacun recouvre son don à la nature avec une pelle en utilisant les déblais installés en tête, après s'être servi du papier hygiénique posé sur un pieu de métal incurvé. Le tout recouvert d'une bâche enduite d'huile de vidange pour éloigner les mouches, super agent transmissible du péril fécal.

Si le campement s'éternise, les militaires s'organisent avec plus de confort : une grande fosse de 1,80 m de profondeur dans laquelle on creuse des trous que l'on habille de sièges en bois, avec couvercle.

Par ailleurs, on fabrique des urinoirs, qui ressemblent à des entonnoirs, à l'aide de tuyaux. On les plante sur de la terre mélangée à des cailloux et du sable. L'urine pénètre ainsi dans le sol, doucement mais sûrement.

Avant de partir, et après chaulage, les militaires comblent les trous qui seront signalés par un panneau identique à ceux que l'on trouve au jardin des Plantes. Il indique le nom de l'unité, la durée du camp et l'usage des fosses pour éviter à d'autres compagnies de se faire piéger. Mais ces fosses servent à l'ennemi qui y puise une mine de renseignements.

Au cours de la Seconde Guerre mondiale, les Américains ont battu les Japonais à Guadalcanal, grâce à une erreur d'appréciation des principes fondamentaux de la défécation à travers les âges et les sociétés ! Leurs espions ont surestimé le nombre des soldats japonais. Ils ont considéré que le volume moyen des excréments quotidiens d'un nippon s'élevait à cent grammes alors qu'il atteignait en réalité quatre cents grammes. Du coup, ils envoyèrent beaucoup plus de soldats que nécessaire et enlevèrent l'île.

L'organisation de ces latrines militaires que l'on appelle des feuillées ne laisse rien au hasard. Les directives sont consignées dans un manuel stipulant qu'elles doivent être fabriquées avec des matériaux de récupération : les déchets servent aux déchets!

Les mensurations relèvent d'une extrême précision. L'armée ne badine pas avec les centimètres. Sans qu'il y ait eu concertation, les nôtres sont semblables à celles de l'O.T.A.N. 1993 oblige, elles se mettront à l'unisson dans les douze pays de la Communauté.

Par définition, l'armée ne laisse rien au hasard. Par expérience, elle ne peut se permettre de prendre à la légère les risques de péril fécal. En temps de guerre, il met en danger la valeur opérationnelle des troupes : un militaire malade ou diarrhéique ne peut se battre.

En célébrant le bicentenaire de Valmy, la France a rendu hommage à la grande victoire de l'armée révolutionnaire et à l'élan national qui a entraîné le peuple aux frontières pour renverser la coalition ennemie.

Le professeur Buisson, du Val-de-Grâce, reproche aux Français d'avoir passé sous silence le rôle subversif extrêmement efficace des bactéries dans cette victoire de Dumouriez et Kellerman sur les Prussiens : « Si le 20 septembre 1792, le peuple français en armes poussait le Prussien, le Prussien, lui, atteint d'une chiasse cataclysmique poussait d'une autre façon. La shigellose, forme de dysenterie, donne une diarrhée purulente, parfois sanglante et débute brutalement. Impossible d'envisager un seul instant de se battre. Une seule chose compte : se mettre à l'abri dans un " petit coin tranquille ", pour se vider. A l'époque, on a appelé cela la courante prussienne. »

Les soldats se débrouillaient de manière peu orthodoxe dans les tranchées et la typhoïde décima les Français jusqu'en 1915. Heureusement, la vaccination qui se généralise à ce moment-là enraye l'épidémie. Hyacinthe Vincent, le médecin militaire qui met au point le vaccin antityphoïdique et le rend obligatoire, a été décoré de la médaille militaire comme un général ayant commandé devant l'ennemi. Il a été le seul médecin à l'être. Une façon de reconnaître sa contribution à la victoire.

L'hygiène des feuillées s'avère donc d'une extrême importance. En 1966, le général Massu, nommé chef des troupes françaises en Allemagne, inspecte sa première caserne. Il demande d'emblée à se rendre dans les sanitaires. La corvée de chiottes a été créée pour responsabiliser les soldats mais elle ne suffit pas.

Sur le terrain, la promiscuité inhabituelle à laquelle sont soumis les hommes, contraints de s'exonérer en public, a de quoi les constiper. Mais on s'y habitue comme on s'habitue à tout. On peut même y trouver, à la longue, une sorte de plaisir à en croire Erich Maria-Remarque dans *A l'ouest, rien de nouveau.* L'auteur y raconte la Première Guerre mondiale vue du côté allemand. Il décrit ainsi les différents moyens mis à la disposition des soldats pour se soulager. Il y a des latrines en dur avec un toit, bonnes pour les recrues qui n'ont pas encore appris à tirer parti de tout et celles, plus rustiques, qui ont sa préférence, faites de caisses avec un siège et des poignées pour les transporter : « Nous en disposons trois en cercle et (...) nous ne nous lèverons pas de là avant 2 heures (...). Ici en plein air, la chose est véritablement un délice (...). Nous nous sentons mieux que dans n'importe quel water-closet aux blanches faïences luxueuses : là il ne peut y avoir que de l'hygiène, ici, il y a du bien-être. Ce sont des heures d'une insouciance admirable. Au-dessus de nous, le ciel bleu (...), le grondement sourd du front ne nous parvient que comme un orage très lointain (...). Nous sommes assis au milieu des coquelicots rouges et éclatants. Il aurait pu facilement arriver qu'aujourd'hui nous ne fussions pas là, assis sur nos chiottes (...), et c'est pourquoi tout est, pour nous, fort et nouveau. »

L'appréhension de la promiscuité ne doit pas faire oublier aux soldats les règles élémentaires de la prudence. Dès que l'un d'eux s'éloigne du camp pour s'isoler, il devient une cible privilégiée pour l'ennemi. Pendant la guerre d'Algérie, les militaires avaient du mal à trancher. Fallait-il installer les latrines à l'intérieur du camp au détriment de l'hygiène pour se protéger ou à l'extérieur et prendre le risque de s'exposer?

Le film *Outrages* de Brian de Palma met en scène le choc de deux civilisations, États-Unis et Viêt-Nam, et ce à travers deux hommes. Alors que tout au long du film, les soldats marchent, mangent, boivent et éructent, ils ne défèquent jamais. Que la baraque des commodités serve en tout et pour tout à l'assassinat d'un des deux personnages centraux du film, montre assez bien qu'assouvir ses besoins ferait de l'homme en plein relâchement de surveillance, une proie facile. A l'abri en même temps des regards indiscrets, c'est dans les latrines que se suicide la jeune recrue persécutée de *Full metal jacket* de Stanley Kubrik, à l'écart des autres, de la hiérarchie, comme protégée de son ennemi personnel. C'est encore dans les toilettes que le général de *Catch 22* de Mike Nichols téléphone tranquillement. Gros plan sur lui au téléphone, puis la caméra recule et nous le fait découvrir assis sur la cuvette, le combiné dans une main, le rouleau de papier dans l'autre.

A la vie cette fois et non à l'écran, Patrice Franceschi se voue à l'aventure et à l'écriture. En 1981, afin de raconter leur combat, il partage plusieurs mois durant la vie des résistants afghans, à la frontière pakistanaise. Dix ans plus tard, les moudjahidin se souviennent encore de lui comme de l'homme qui aurait pu mourir déculotté...

Les combats avaient été ce jour-là particulièrement violents entre Soviétiques et résistants. Ces derniers étaient escortés d'une caravane humanitaire composée de plusieurs dizaines de mulets et de chevaux : « Nous avons décidé de nous mettre à l'abri dans les montagnes. Il faisait très chaud mais, malgré cela, tout le monde s'est mis à respirer et à cesser d'avoir peur. Je fus pris d'une envie pressante, raconte Patrice Franceschi. L'un des Français qui appartenait au convoi humanitaire me signala un coin tranquille. Là-bas, sur le sentier de droite, au pied de la colline, il en revenait.

Arrivé au pied de la colline, je trouve deux chemins : celui sur la droite, indiqué par mon camarade, menant à un arbre, et un autre sur la gauche. Tous les deux à peine tracés sur le sol, en pierre très rude. Poussé par je ne sais quel djinn, je choisis de ne pas écouter les conseils de Philippe et je bifurque à gauche, à l'opposé. Le chemin monte. Arrivé de l'autre côté de la colline, je m'aperçois que je n'ai pas fait le bon choix : les montagnes devant moi mènent tout droit en direction des Soviétiques. Je vois même un poste avec des tanks à deux ou trois kilomètres...

Je me traite d'imbécile mais me ravise en me disant que les Soviétiques ne peuvent pas me voir. Je porte des vêtements afghans de camouflage dont la couleur épouse celle de la nature. A peine installé, j'entends une détonation très lointaine. Je reconnais le bruit d'un tir de mortier et deux secondes plus tard un obus passe au-dessus de ma tête. Il s'offre même le luxe de scintiller dans un rayon de soleil avant d'exploser dans une déflagration terrible, derrière moi, de l'autre côté de la colline. Je me rhabille en quatrième vitesse et reprends le sentier. Des obus continuent à exploser, c'est un feu d'artifice. J'aperçois le convoi : les chevaux partaient dans tous les sens, les Afghans et les Français leur couraient après.

Lorsque je suis arrivé à la bifurcation des deux sentiers, mon sang s'est glacé : le premier obus était tombé très exactement au pied de l'arbuste où j'aurais dû m'accroupir, si j'avais suivi les conseils de Philippe. Tout le monde me croyait mort et je suis devenu le miraculé, celui qu'Allah a sauvé en le guidant ailleurs. Celui que l'on respecte mais dont on rit car il aurait pu mourir déculotté. »

Une histoire au carrefour de la chance et de la mort qui illustre bien le danger qu'il y a à s'écarter du périmètre de sécurité délimité par un camp. Il se souvient qu'après cet épisode les résistants n'ont plus voulu le lâcher d'une semelle. Ils exigeaient qu'il ne se sépare jamais de ses gardes du corps. « La première fois, je n'ai pas apprécié. Il n'est pas très facile de se laisser aller lorsque des hommes vous entourent la kalachnikov à la main. »

Autre guerre, celle du Liban. Beyrouth a appris à vivre avec ses bombardements et certains de ses abris se sont dotés de W.-C. Lorsque les parkings souterrains servent de cave, les habitants de la capitale libanaise improvisent avec les moyens du bord : une couverture tendue entre deux voitures et un seau que l'on vide, à la hâte, sur le trottoir, entre deux accalmies. L'hiver, le froid masque les odeurs et la pluie entraîne le tout. Mais l'été, sous la chaleur...

Lorsque la vie reprend son cours, il faut alors compter avec les coupures d'électricité et accorder ses envies au rythme du courant qui actionne la pompe chargée de monter l'eau de la chasse aux étages.

Comme cette pièce souvent ne comporte pas de fenêtre, elle constitue à l'intérieur de la maison l'ultime rempart contre les canons. Beaucoup l'ont aménagée pour pouvoir y travailler, ou y lire bien sûr.

Elie Khoury est journaliste. C'est là qu'il s'installe pendant les bombardements, une tablette sur ses genoux, pour écrire, assis sur la cuvette, sans s'exposer au danger. Voilà un passage de la lettre en forme de journal qu'il adresse à sa fille qui vit à Paris. Elle est datée du vendredi 11 août 1989 : « Simon Balanche disait dans une de ses maximes : " Les cataclysmes sociaux et physiques sont inévitables ". A nous donc l'Apocalypse ! Nos enfants hériteront des lendemains qui chantent. Le tonnerre du canon s'est tu. Il est minuit. Je vais quitter mon cabinet-refuge et aller me payer une ronflette. Nous dormons habillés et par terre sur des coussins, grosses chaussures et transistor à portée de la main. »

VII

Humiliation et liberté

> « On espérait que le train s'arrêterait un instant quelque part, qu'on aurait le temps de courir aux cabinets. »
>
> M. Van der Meersch

Jusque dans les années cinquante, les Français qui voyagent en train, n'ont qu'à bien se tenir, se retenir et savoir courir! Il faut avoir une vessie en bon état. Prendre ses jambes à son cou et profiter du moindre arrêt pour se précipiter sur le quai.

La France, à qui l'on doit le T.G.V., attendra l'après-guerre pour installer des W.-C. dans les trains, alors qu'au début du siècle, à l'étranger, toutes les voitures en sont déjà pourvues. En novembre 1846, par exemple, l'ordonnance royale sur le règlement de l'exploitation des chemins de fer n'y fait aucune allusion.

Les voyages en train mettent Zola dans tous ses états, comme en témoigne Edmond de Goncourt dans son *Journal* daté de Pâques 1880 : « Aujourd'hui, nous partons, Daudet, Zola, Charpentier et moi, pour aller dîner et coucher chez Flaubert à Croisset... Le bonheur de Zola est troublé par une grande préoccupation : savoir s'il pourra, en ce train rapide, pisser à Paris, à Mantes, à

Vernon. Le nombre de fois que l'auteur de *Nana* pisse ou du moins tente de pisser est inimaginable. »

Les temps changent. Aujourd'hui, les toilettes jouissent de la considération de la S.N.C.F., mais pas forcément de celle des usagers qui leur reprochent d'être tristes, vieillottes, mal insonorisées, et de manquer d'odeur de propre. En un mot, d'être le reflet d'une conception passéiste du lieu... Derrière une image dégradée, la réalité s'avère moins négative.

L'histoire des toilettes dans les chemins de fer pourrait se raconter en deux temps : avant et après le trou. Il y a l'époque du Corail avec ses W.-C. à chute libre : le trou qui donne sur la voie; les rails qui défilent sous nos yeux quand on ouvre le clapet; les selles dissoutes sous l'effet de l'air et de la chaleur.

Et il y a l'époque du T.G.V. avec ses W.-C. étanches : ils évitent qu'à 300 kilomètres à l'heure les effluents ne soient pulvérisés par la vitesse, aspergeant tout le train, vitres comprises. On vide leurs réservoirs tous les trois jours (200 à 300 kilos d'excréments) dans les égouts de Châtillon pour le T.G.V. Atlantique et dans ceux de Conflans pour celui du sud-est.

La S.N.C.F. a banni les W.-C. à broyeur, car les passagers y jettent tout et n'importe quoi : des revolvers, des sacs à main, des slips, des seringues et même une fois, un poisson rouge...

Un inventeur a proposé un système à micro-ondes qui aurait pu être couplé avec celui du bar. Très ingénieux, il permettait de ne conserver que des « croquets », des matières déshydratées comparables aux croquettes pour chien. Mais il fallait trop d'énergie pour évaporer près de 180 litres d'eau. Finalement, le système choisi est un dérivé de celui employé dans l'aviation.

Il utilise, au départ, 80 litres d'eau mélangés à un liquide antimicrobien, auxquels s'ajoute, tout au long du voyage, l'urine filtrée et recyclée des passagers... Ceci pour éviter de stocker de l'eau.

Mais les lignes du T.G.V. arrivent à saturation et des rames à deux niveaux circuleront dans quelques années. Il va falloir prévoir une sorte d'ascenseur à excréments par aspiration pour les toilettes du haut!

L'hygiène reste la préoccupation première des voyageurs et par ricochet celle des Chemins de Fer qui testent des cuvettes style « poêle Téfal ». Le Téflon n'attache pas mais, revers de la médaille, il ne se frotte pas. Il n'est alors pas possible d'enlever les saletés irréductibles.

Aujourd'hui, plus personne ne peut s'enfermer dans les toilettes pour échapper au contrôleur. Le maître des lieux a le droit et le pouvoir d'enlever le verrou. Cela n'empêche pas certains d'essayer de resquiller. Le violoncelliste Frédéric Lodéon raconte cette scène hallucinante à laquelle il a assisté dans le train, pourtant très chic, « Paris-Lausanne » : « Le train était bondé. Nous étions plusieurs, obligés de rester debout, n'ayant pas réservé de place. Arrive le contrôleur. Il frappe à la porte des toilettes. Une jeune femme répond que le moment est mal choisi et qu'elle ne peut absolument pas ouvrir. On entendait même ses efforts poussifs à travers la cloison. Le contrôleur n'a pas perdu son sang-froid. Il a attendu quelques instants mais, comme elle ne voulait pas sortir, il a ouvert. Bien sûr, elle n'avait pas de billet. Il a exigé qu'elle paye une amende, lui debout dans son uniforme, elle assise, culotte baissée, de l'argent dans une main et du papier hygiénique dans l'autre! Il est resté stoïque... »

A bord d'un avion, l'aventure peut prendre une curieuse tournure. Dans le cas extrême d'un détournement, c'est ici dans les toilettes que commencent les premiers ennuis. Comme elles ne sont plus vidées, elles se bouchent très vite. Lorsque le 6 septembre 1970, le Front de lutte populaire palestinien détourne trois avions de ligne vers le Moyen-Orient et ils atterrissent en Jordanie, dans le désert de Zarka.

Le film qui retrace l'événement évoque une scène qui s'est avérée dramatique pour la victime. La chaleur est devenue étouffante. Après de longues palabres, les membres de l'équipage arrivent à convaincre les terroristes de vidanger les toilettes; ils savent qu'elles vont se boucher et que l'odeur sera insoutenable. Le mécanicien naviguant descend sous la carlingue. Il ouvre maladroitement la trappe et se fait complètement asperger : il n'est plus qu'un tas de merde, en plein désert.

Les toilettes peuvent trahir les terroristes. En juillet 1983, sept moudjahidin du peuple détournent un Boeing 747 d'Air Iran qui se pose à Orly. Le G.I.G.N., sur le pied de guerre, ne peut se permettre d'intervenir tant qu'il n'a pas localisé le commando à l'intérieur de l'appareil, et évalué les hommes qui le composent.

Les négociations se poursuivent entre le gouvernement français, Bani Sadr, l'ancien président iranien réfugié en France, et le chef des terroristes, installé dans le cockpit. Brusquement, celui-ci demande qu'une équipe de maintenance vienne déboucher les toilettes. Les « super-gendarmes » rompus à toutes les tâches, endossent la tenue des techniciens d'entretien pour monter à bord. Ils attendent depuis plusieurs heures ce moment qui va leur permettre d'observer les moudjahidin : ils acquièrent très vite la certitude qu'ils ne tireront pas sur les otages car, même jeunes et armés, ils ne montrent aucun signe de surexcitation. Les discussions peuvent donc s'éterniser.

Grâce aux toilettes bouchées qu'ils ont réparées, les gendarmes du G.I.G.N. ont pu attendre leur heure et ne pas prendre de risques inutiles en précipitant leur intervention.

Dans l'univers confiné d'un avion, ce lieu revêt une grande importance. Lieu de promenade, les passagers s'en servent pour se dégourdir les jambes, tuer le temps ou engager la conversation avec les hôtesses. Parmi les consignes que l'équipage n'oublie jamais de mentionner au début d'un vol, figure l'interdiction d'aller y fumer. Rien de plus facile en effet que d'y oublier sa cigarette et de mettre le feu.

Michel Polacco, journaliste spécialiste d'aéronautique estime que deux catastrophes aériennes s'expliquent ainsi : « Celle du Boeing qui s'est écrasé près d'Orly à Saulce-le-Chartreux. Celle de la caravelle qui assurait la liaison Ajaccio-Nice et dont on a dit qu'elle avait été abattue par un missile de l'île du Levant. A l'époque, certains ont accusé la force de frappe mise en place par le Général de Gaulle et le mystère n'a jamais été élucidé. Dans les deux cas, les détecteurs de fumée n'ont pas dû fonctionner. » En raison de l'exiguïté du lieu, on s'y affole vite et il est arrivé que des passagers de forte corpulence y restent coincés. Ainsi, un jour, l'équipage d'un Airbus a dû attendre que l'appareil s'immobilise sur la piste pour libérer une dame. Elle s'était assise très consciencieusement sur le siège et il s'était produit une « super-pressurisation », autrement dit un effet ventouse. Deux stewards, en tout bien tout honneur, l'ont libérée en glissant une main entre son fessier trop collant et l'abattant trop adhésif!

En dessous de dix places, les petits avions n'en possèdent que très rarement et la tradition veut qu'un pilote aille se soulager juste avant le départ sous la queue de l'appareil, caché par les empennages.

Le stress stimule l'envie de faire pipi. Lorsqu'elle vous envahit à mille mètres d'altitude, elle devient vite obsédante. En cas d'extrême urgence, les hommes peuvent toujours utiliser un petit sac plastique mais ce n'est pas l'idéal, vous en conviendrez! Alors, comme pour les voyages en train du début du siècle, il faut se retenir jusqu'à l'arrêt.

Jacques Pierrejean agence des intérieurs d'avion. Tout comme ses confrères, il n'a jamais pu résoudre le problème posé par un chef d'État étranger : « Ce dernier souffrait d'incontinence et voulait acheter un hélicoptère. Il exigeait que, tout en restant assis, l'un des quatre sièges se transforme rapidement en W.-C. Il fallait, également, qu'il puisse s'isoler sans changer de place et faisait de cet aménagement spécial la condition sine qua non de son achat. »

En général, pourtant, l'architecte d'intérieur et le client n'abordent pas franchement le problème. On évoque plutôt le coin repos. Il n'y a pas si longtemps, dans les avions présidentiels, les abattants étaient en cuir : les fesses du président et de madame devaient se poser sur du rembourré! Odeur et manque d'hygiène à la clef mais, de peur d'en parler, personne n'osait les changer!

Quant aux avions de ligne, ils ne peuvent se permettre de décoller avec des toilettes qui ne fonctionnent pas. On imagine aisément le tableau au bout de six heures de vol! Ainsi, le 14 mai 1990, un 747 d'U.T.A. à destination de la Réunion est resté bloqué près de 17 heures sur la piste de Marignane en raison d'une fuite.

La commercialisation de l'Airbus A 320, merveille de technologie, a souffert des « F.C.U », Flush Control Unit, plus prosaïquement toilettes de bord. La chasse ne se déclenchait pas car l'eau gelait en altitude.

Les toilettes de Discovery ont également donné du fil à retordre aux techniciens de la N.A.S.A. Lors de son premier vol, les eaux usées gelaient à la sortie du tuyau d'évacuation et se transformaient en un glaçon tenace sur le flan gauche du vaisseau spatial. Les cosmonautes se sont arrangés des bons vieux sacs en plastique prévus pour remplacer l'outil de base déficient.

Aujourd'hui, Américains et Soviétiques ont planché... et résolu le problème chacun à leur façon. Dans *On a marché sur la lune*, le capitaine Haddock voit avec effroi son whisky s'échapper de son verre. Pareille mésaventure doit être bannie dans l'espace : l'équivalent du whisky ne saurait se transformer en gouttelettes ou en boules dans la capsule ! Le système soviétique nécessite uniquement des cours théoriques dispensés sur la terre ferme. Le système américain, au maniement plus complexe, exige des exercices pratiques avant le départ, un stage d'initiation en quelque sorte !

« Les femmes accusent les techniciens de machisme, explique Jean-Louis Chrétien, car elles souffrent en utilisant les capteurs d'urine. C'est souvent un sujet de plaisanterie entre nous, les mâles... Il faudrait demander au bon Dieu pourquoi, de ce côté-là, ils nous a mieux équipés qu'elles ! »

La cabine est exiguë et l'instrument ressemble à celui des bateaux de plaisance. La cuvette aboutit à un conteneur étanche qui s'obstrue automatiquement. Lorsqu'il est plein, il est lâché dans l'espace avec la poubelle du bord. Et vogue la galère... « Par mesure de sécurité, précise encore le spationaute français, lorsque nous sortons dans l'espace, nous portons l'équivalent d'une couche-culotte. Cela n'a jamais servi que je sache : on peut quand même résister à la durée de la sortie. Je peux vous dire, par exemple, que tous les cosmonautes du monde entier ont, la première fois qu'ils urinent dans l'espace, l'impression de rêver qu'ils font pipi au lit. Vous savez, tous les aviateurs et les navigateurs parlent de ces choses très naturellement. »

Un W.-C. sur un bateau c'est un trou et un trou dans une coque représente un danger potentiel : risques d'oxydation, de clapets qui se ferment mal. Dans le passé, de vieux bateaux laissés à l'abandon ont commencé à sombrer par là.

Le skipper se doit de montrer aux nouveaux arrivants comment marchent les toilettes, car il n'en existe pas deux similaires. Il faut prendre soin d'expliquer leur fonctionnement sans précipitation, car on y va toujours pressé par l'urgence !

« Il faut être très vigilant, précise Jacqueline Danno. Moi, je préfère attendre la terre ferme, une crique ou un port. Je déteste que l'on partage mes bruits et mes odeurs. Sur un bateau, on partage tout... »

Avec les W.-C. électriques, on appuie sur un bouton... Mais la tâche s'avère plus délicate quand il faut pomper. Reste que le bon vieux système du seau à tout faire sert toujours en cas de besoin! On peut aussi s'installer à l'avant du bateau ou sous le foc, adossé au bastingage, et se soulager directement dans les flots. Plus casse-cou, on peut également se tenir en équilibre au-dessus de la mer, les pieds sur le plat-bord. Mais à ce petit jeu certains navigateurs, emportés par une vague, y ont laissé leur vie.

Chez les armateurs grecs, il est de tradition de posséder de somptueux bateaux et le luxe des yachts de milliardaires s'étale jusque dans ce lieu. Celui d'Onassis les faisait rêver mais les vieilles lignées d'armateurs critiquaient la robinetterie dorée à l'or fin des cabinets de toilette, signe évident pour elles de vulgarité et de fortune acquise récemment.

Quoi qu'il en soit, sur les petits ou sur les gros bateaux, les eaux usées se déversent directement dans la mer. Au petit matin, l'été, aux mouillages de Port-Cros ou de Porquerolles par exemple, les bateaux nagent au milieu des étrons qui flottent. Seuls les sarres se réjouissent du festin! « Il est inadmissible que l'on souille ainsi la mer, explique Noëlle Duck, rédactrice en chef de *Yacht Club International.* Tous les bateaux américains sont équipés de grands réservoirs pour récupérer les eaux usées, y compris celles qui servent à laver la vaisselle. »

Sur les voiliers de course, on élimine tout ce qui n'est pas indispensable : les toilettes sont un luxe. Pourtant Loïc Peyron décide d'en installer sur son monocoque, le « Lada-Poch 3 » pour courir le Globe Challenge, la course autour du monde en solitaire et sans escale qui va durer près de quatre mois. C'est une première et le navigateur arrivé second ne l'a pas regretté : « J'ai apprécié d'être assis sur un trône à l'intérieur plutôt que de devoir sortir sur le pont dans le froid, essayer de poser le seau dans un coin, de s'y... poser, et d'aller ensuite le vider sans harnais, mais avec un ciré pour ne pas être douché par les paquets de mer. J'ai choisi des toilettes classiques, avec une pompe qui aspire l'eau de mer et qui rejette l'ensemble. Très légères, elles ne pèsent que 2 kg. J'ai l'intention d'en fabriquer en carbone pour les prochaines courses en multicoque. Je ne conçois plus aujourd'hui de m'en passer. »

Patrick Ségal, lui, n'envisage plus de se séparer de ses « chiottes-portables ». Dans son guide *Santé-Voyage*, il conseille à tous les handicapés comme lui de s'en fabriquer avec un pliant de camping car elles donnent toute l'indépendance recherchée. « J'ai effectué la traversée de l'Atlantique avec le père Jaouen pour le bicentenaire des États-Unis. J'avais une colique terrible. J'aurais dû me souvenir des conseils d'Éric Tabarly : il interdit toujours que l'on se serve de détergent sur son bateau. Il connaît les conséquences d'une vaisselle mal rincée... Je n'ai pas hésité une seconde. J'ai installé mon chiotte sur le pont. C'est ainsi que j'ai vécu l'arrivée à New York, assis sur le trône, avec une valse d'hélicoptères qui tournoyaient au-dessus de nos têtes pour accompagner le bateau. Je me demande encore si les pilotes s'en sont aperçus. »

Imaginez maintenant la difficulté de se soulager sur une planche à voile lorsqu'on y reste 46 jours comme Stéphane Peyron : cela tient de l'acrobatie. Dans le livre qui retrace sa traversée de l'Atlantique nord, il raconte qu'il boit beaucoup pour éviter de se déshydrater. Résultat : il urine toutes les deux heures.

Passe encore lorsqu'il porte son ciré muni d'une fermeture à glissière. Cela devient plus compliqué avec sa combinaison. C'est l'enfer lorsque la tempête souffle ou lorsqu'il a envie de déféquer.

« Je m'agrippe tout au bord de la planche, fesses offertes à l'horizon. La position est franchement instable... Ce matin, c'est dangereux de sortir mais j'y suis contraint. Je me mets en position, fesses exposées à toutes les humiliations de la mer. Je suis tiré en arrière, je vais tomber. Dans un sursaut d'énergie je me rattrape... Ce serait sûrement drôle si ce n'était entre la vie et la mort que j'oscillais de cette manière. Pour arriver à me soulager, il faut que je puisse me relâcher, ne serait-ce qu'un bref instant, faire autre chose que rester concentré sur la peur de tomber à l'eau, sans grand espoir de retour sur la planche. »

Quand on l'interroge, Stéphane Peyron ajoute que lorsque la mer est calme, se soulager ainsi peut procurer un sentiment de liberté totale : « On n'a de comptes à rendre à personne, il n'y a pas à se cacher, on se sent libre comme le vent. C'est génial, car on montre ses fesses à tous les passants, mais les passants ne sont que des poissons, alors... »

A priori, il est plus facile de s'exonérer sur terre. Encore que, pressés par le temps lors d'une compétition, les sportifs ne se conduisent pas toujours comme ils le souhaiteraient... Le motard Cyril Neveu, par exemple, raconte sa mésaventure survenue lors d'un rallye Paris-Dakar : « Quand l'envie vous prend, on fait n'importe où... Un jour, pris de coliques infâmes, je me suis arrêté quinze fois à cause d'une dysenterie. Il était hors de question que je m'arrête une seizième fois. Tout a coulé en direction des bottes. Je me souviens également d'une envie terrible à trois minutes d'une spéciale. Je n'ai pas eu le temps de me mettre à l'écart. »

Même pressés par le temps, certains prennent le risque de s'arrêter. Ari Vatanen l'a sûrement regretté, mais l'envie l'a emporté sur la raison. En 1988, il mène l'équipe Peugeot Talbot Sport, dans le rallye des Pharaons. Elle comprend trois voitures : la sienne, qui doit décrocher la victoire, et deux autres véhicules qui le suivent pour lui porter secours au cas où...

Jean Todt, le patron de l'écurie, a donné l'ordre à ses deux pilotes, Michèle Mouton et Kalle Grundel de ne le dépasser sous aucun prétexte. Quelques kilomètres seulement après le départ de la spéciale de la cascade magique (!), en plein désert, le Finlandais éprouve une furieuse envie de faire pipi et n'y tenant plus, il s'arrête. Ses deux coéquipiers arrivent à sa hauteur. Ils se rendent compte qu'il ne s'agit que d'une défaillance humaine et, pour ne pas le doubler, ils passent la vitesse minimum. Ils effectuent de larges cercles autour de la star et s'ensablent en... cascade : Mouton s'arrête pour aider Grundel mais, ne repart plus. Vatanen vient lui porter secours et, pendant ce temps-là, Jean Todt trépigne car le chronomètre tourne.

Lorsque les conditions climatiques s'en mêlent, c'est une autre histoire, que raconte Jean-Louis Étienne. Dans *le Marcheur du pôle*, il y consacre trois pages : par – 40°, au pôle Nord, « même pisser devient un dépassement de soi ». Trois pages aux détails surréalistes. On pourrait en rire si l'opération n'exigeait pas tant de concentration.

Pour pouvoir s'épancher, il faut se mettre à genoux. Seuls les mollets et les pieds restent au chaud, à l'abri des duvets. Le premier danger, au bout du compte le moins embêtant, c'est de confondre les deux gamelles. Celle qui sert à uriner et celle qui sert à se nourrir. Strictement identiques, elles s'emboîtent l'une dans l'autre pour des raisons de poids et d'encombrement dans le traîneau.

Le deuxième danger survient, une fois choisie la bonne gamelle lorsque, soudain, quelque chose de liquide et glacé glisse entre les jambes jusqu'au duvet : la chaleur de l'urine a réchauffé la gamelle. Elle fait fondre la glace restée collée, depuis l'abside de la tente, sous le récipient.

Le troisième, le pire, menace au moment où il s'agit de jeter le contenu de la gamelle dehors, car la fermeture Éclair de la tente n'a d'éclair que le nom : il faut l'attaquer au briquet tout en la secouant.

Pour ce faire, il faut poser la gamelle sur le tapis. Mais, une fois la tente ouverte, elle refuse de se détacher du sol.

« L'adhérence obtenue est singulièrement efficace. S'en libérer signifie manier le couteau avec dextérité, car déraper veut dire lacérer le sol de la tente, déjà si craquant et crissant par moins 40... Ce sera donc avec un sentiment de victoire sur lui-même et les éléments adverses que l'aventurier polaire réintégrera son sac de couchage, après avoir simplement fait pipi, et le moins que l'on puisse dire, c'est qu'il n'aura pas démérité... »

« Lorsque je suis revenu de l'Antarctique, ajoute aujourd'hui le docteur Étienne, on m'a beaucoup interrogé sur l'interaction entre mes selles et l'atmosphère, alors que personne ne s'est intéressé à mes selles du pôle Nord. Peut-être parce que l'on perçoit l'Antarctique comme une terre pure. Aujourd'hui figées, elles seront jetées à la mer dans 10 000 ans. »

Uriner à 8 000 mètres d'altitude tient de la même gageure que par moins 40, comme le raconte Benoit Chamoux, l'un des meilleurs himalayistes français, dans *le Vertige de l'infini* : « Très vite, il nous faut songer à redescendre ; le temps peut en quelques minutes passer à la tempête. A cette altitude, l'émotion sans doute, je pisse d'abord un coup... Avoir une pressante envie à plus de 8 000 mètres au-dessus du niveau de la mer, cela signifie invariablement une mine de problèmes : enlever ses gants principaux pour ne garder que la fine paire en soie ; se frayer un chemin à travers quatre couches de vêtements superposés : la combinaison protectrice extérieure, l'anorak et les pantalons intérieurs, le Holly Hansan, sorte de sous-vêtement qui est aux alpinistes ce que le Damart est aux retraités actifs, et le slip. »

A tous ces aventuriers, l'avenir proposera peut-être un jour des solutions. La science-fiction s'y intéresse. Frank Herbert dans *Dune* invente une combinaison miracle qui sert de vêtements au peuple Frémen sur une planète presque totalement désertique : « A la base, c'est un micro sandwich : un filtre à haute efficacité doublé d'un système d'échange de chaleur. La couche au contact de la peau est poreuse, perméable à la transpiration qui rafraîchit le corps (...). C'est le processus normal ou presque de l'évaporation. Les deux autres couches comprennent des filaments d'échange calorique et des précipiteurs de sel. Le sel est récupéré (...). L'urine et les matières fécales sont traitées dans le revêtement des cuisses. »

Pouvoir se soulager avec un minimum de confort, au moment précis où l'envie vous tenaille, cela peut s'appeler la liberté lorsque l'on vit un autre genre d'aventure, celle que l'on n'a pas souhaitée.

Robert Polhill, l'otage américain, recouvre la liberté en avril 1990, au bout de 1 183 jours de captivité. Lorsqu'il répond aux questions des journalistes à Damas, il s'excuse de le faire à voix basse : « Je suis désolé. Je ne peux pas parler plus fort. On nous interdisait de parler, je suis incapable de reprendre une voix normale. »

Cela ne l'empêche pas d'exprimer sa joie d'être de retour « dans le monde réel » et de s'étonner « de quelques libertés aussi simples que de pouvoir aller aux toilettes sans avoir à en demander la permission ». Il faut en avoir été privé pour en connaître le prix.

Sur TF1, Jean-Claude Raspiengeas a donné la parole à trois autres otages. Jean-Paul Kauffman, le moins prolixe, séquestré dans une cave, montre une bouteille dans laquelle il devait uriner. Il considère que ce simple geste en dit long. Le baron Empain explique qu'il devait faire pipi dans un seau les menottes aux poignets : « La première fois, vous vous posez la question ; comment vous devez faire? Ce n'est pas commode... (silence). On finit par avoir la technique. Une fois, je suis tombé du seau. Le seau était plein et il s'est renversé (soupirs). Qu'est-ce que vous croyez qu'on fait à ce moment-là? On ne fait rien, on attend. Tout est trempé. On attend cinq minutes, un quart d'heure, deux heures, cinq heures, six heures que quelqu'un vienne vous voir. Et puis vous lui expliquez le problème. Vous vous faites engueuler. On s'excuse d'avoir été maladroit. Si j'avais commencé, ne serait-ce qu'un tout petit peu, à manifester, ils auraient exagéré. Je crois que ça aurait été pire car ils auraient pris un plaisir sadique à me martyriser... »

Autre témoignage, celui de Gerhard Vaders. Le 2 décembre 1975, il se trouve aux Pays-Bas, dans le train détourné par des terroristes qui réclament la libération des îles Moluques. Le détournement a duré treize jours : « Il était impossible d'éviter les autres et de les ignorer. Cette promiscuité physique était de plus en plus oppressante. Notre seul moment d'intimité, c'était lorsque les terroristes nous donnaient l'autorisation d'aller aux toilettes. Elles puaient, une vraie fosse d'aisances, c'était épouvantable. Les terroristes exigeaient qu'on laisse la porte ouverte, mais au moins là on se retrouvait seul, à s'asseoir. On pouvait se regarder dans la glace un court instant et se dire : c'est moi, ça, vraiment... »

Dans les camps de concentration, les déportés essayaient de se cacher dans les toilettes. Éric Conan raconte dans *l'Express* comment, en 1942, les autorités françaises ont parqué trois mille enfants juifs près d'Orléans avant de les diriger vers les camps de la mort. Il raconte le « long voyage en wagons à bestiaux plombés, laissant passer le minimum d'air et de lumière. Une tinette par wagon, où sont entassés, pêle-mêle, hommes, femmes, enfants, avec, parfois, les grands-parents ».

Le jour où on sépare les enfants de leurs parents, dans le camp de Beaune-la-Rolande, Joseph Weissmann profite de la désorganisation relative du camp pour s'enfuir. Avec un plus grand, ils réussiront la seule évasion d'enfant : « Ils avaient pris soin de déterrer quelques billets : avant leur départ, les adultes, qui savaient qu'on les dépouillerait de toute valeur et de tout bijou, les cachaient à la hâte ou les jetaient dans les tinettes. Cet épisode de la « fouille » demeure tabou à Beaune. Parce que l'on se souvient que quelques habitants, notamment des femmes, se portèrent volontaires, à la demande des gardes, pour cette tâche : elles furent les plus brutales, certaines arrachant parfois les boucles des oreilles lorsque cela n'allait pas assez vite. Et parce que d'autres se sont distinguées en ratissant le contenu des latrines, à la recherche de bagues, de bracelets et de colliers... »

Au quotidien, dans les camps, la « corvée de chiottes » donne lieu à des rivalités. Le matin, raconte Primo Lévy dans *Si c'est un homme*, les prisonniers se battent pour arriver les premiers aux lavabos et aux latrines. La nuit, chacun écoute le bruit du seau pour savoir s'il est plein car « il est de règle que le dernier à utiliser le seau aille lui-même le vider aux latrines » et ce, bien sûr, éventuellement dans le froid, sous la neige et en tenue de nuit.

Lorsque les latrines sont installées à quelque distance des baraques, elles permettent aux prisonniers de s'absenter un peu plus longtemps dans ce « havre de paix ». Avec cette sordide réserve qu'interdiction étant faite d'y aller seul, l' « accompagnateur aux latrines », le « Scheissbegleiter » est responsable pendant la « promenade » de toute tentative d'évasion.

Tous les prisonniers, politiques ou de droit commun,

vivent les W.-C. comme un enfer. Certes, il est impossible d'imaginer qu'un détenu puisse demander à un gardien de sortir de sa cellule à la moindre envie. Mais l'on arrive à des situations rocambolesques, où les horaires de la défécation sont calqués sur ceux des fonctionnaires...

En septembre 1985, des prisonniers colombiens en appellent au Comité permanent des droits de l'homme. Le règlement de la prison de Bellavista, où ils sont détenus, stipule que les besoins naturels ne peuvent être satisfaits que de cinq à six heures, le matin, et de dix-huit heures à dix-huit heures trente, le soir. En dehors de cet horaire officiel, les 2 500 détenus doivent verser 25 cents à l'officier de garde...

Gêner l'homme dans ses rythmes défécatoires engendre les pires humiliations. L'architecte Michel Cantal-Dupart se retrouve, en 1973, dans une cellule de la prison civile de Tunis : « Les prisonniers, qui ne disposent même pas d'un mètre carré par personne, dorment sur le côté. Il y a un seul point d'eau et un seul W.-C. : ils sont inaccessibles la nuit à cause des corps allongés. En faisant la queue, on ne peut jamais espérer s'y attarder plus de cinq minutes. »

En avril 1990, se déroule, dans le nord-ouest de l'Angleterre, à Manchester, la plus longue des mutineries anglaises. La prison de Strangeways, vétuste et surpeuplée, abrite 1 647 détenus pour 970 places. Au nombre des griefs formulés figure l'absence de W.-C. dans les cellules. La nuit, les détenus urinent dans des journaux, qu'ils jettent ensuite dans la cour, à travers les barreaux.

Humiliation extrême lorsque les gardiens eux-mêmes se mettent à uriner sur les prisonniers comme l'a raconté, après sa libération, Nelson Mandela, le chef historique du Congrès national africain emprisonné en Afrique du Sud.

Dans son film *le Dénommé*, Jean-Claude Dague essaie

d'exorciser son passé de taulard. Il dénonce la déchéance morale et physique qu'il affirme avoir connue pendant huit ans dans les prisons françaises. Sa vie bascule le jour où il braque sa propre banque et se fait prendre ; le butin devait lui permettre de terminer un film et c'est le début d'une longue descente aux enfers. Aujourd'hui sorti de prison, il témoigne : « A Melun où j'étais, c'était un trou dans un coin de la cellule. C'est l'un des endroits les plus critiques en milieu pénitentiaire et tout le monde s'en fout. Un détenu défèque devant les autres. Son intimité, on se la crée en dressant une couverture que l'on accroche d'un côté au lit et de l'autre à l'espagnolette de la fenêtre pour se faire une espèce de paravent. C'est en tout cas ce que faisaient ceux qui avaient une forme de respect et d'hygiène pour eux et leurs camarades.

Dans les prisons modernes, on construit une sorte de petit mur qui donne l'illusion de l'isolement mais qui ne masque ni le bruit, ni les odeurs. Encore aujourd'hui, dans de nombreux établissements, des détenus, la nuit, se servent d'un seau. Le matin, ils vont le vider dans un vidoir, ce qui existait à Melun ; il faut y aller, il faut plutôt nager... Vous savez, c'est la prison, finalement, qui n'est qu'une vaste chiotte. »

Des propos que tempère Hubert Bonaldi. Le directeur régional des services pénitentiaires de Paris affirme que le temps où les prisonniers devaient se soulager dans des ustensiles est révolu depuis les années cinquante, même s'il a perduré dans certaines prisons, comme le quartier pour femmes de Bourges.

Comme Jean-Claude Dague, il insiste sur la promiscuité : « Dans neuf mètres carrés, trois personnes, qui ne se connaissent pas, partagent tout de leur intimité, de leur comportement et de leurs odeurs. Les hommes et les femmes détenus ressentent cela de façon très douloureuse et pour ne rien arranger, la vie carcérale provoque beaucoup de troubles digestifs, telle la constipation. A la Santé par exemple, le robinet d'eau arrivait juste au-dessus de la cuvette. Elle servait également de lavabo et lui de chasse. »

Les films noirs utilisent d'ailleurs volontiers une cuvette plus que rudimentaire, sans abattant, ostentatoire, comme symbole même de la promiscuité du milieu carcéral. Dans *Chacun sa chance*, le film conçu par Karel Reisz en 1989 sur un scénario d'Arthur Miller, qui proclame à qui veut l'entendre son adhésion au réalisme, la cuvette-symbole revient par deux fois. Tout d'abord lorsque le détective rend visite dans son taudis à la petite amie du meurtrier. Une porte béante laisse apercevoir l'objet caricatural, expression de la misère de la vie quotidienne. Ensuite, au cours d'une autre visite, celle que le détective fait en prison à l'innocent arrêté à la place du coupable, la cuvette revient, omniprésente, signant l'enfermement.

Depuis quelques mois, en France, à Joux-la-Ville, une prison flambante neuf tente de venir à bout de ces atteintes à la dignité humaine. En juin 1990, *le Journal du dimanche* propose à ses lecteurs une visite, notamment dans le bâtiment des femmes. Si les cellules « presque coquettes » gardent la porte ouverte, rapporte le journaliste, le petit cabinet de toilette, qui s'ajoute au mobilier réglementaire, peut au contraire se fermer. « C'est très important, explique une détenue. On nous laisse notre dignité en nous préservant un petit coin d'intimité. »

Les prisons modernes dérogent, en effet, à la tradition pénitentiaire de promiscuité qui profite aux « matons », car ils peuvent surveiller la cellule d'un simple coup d'œil. Aujourd'hui, le détenu s'isole puisque l'administration pénitentiaire assume les risques du cloisonnement. Mais, dans la plupart des cas, les portes ne ferment pas entièrement. Style « saloon », elles laissent passer le regard en dessus et au-dessous. « Le choix est fait et nous ne reviendrons pas là-dessus, précise René Eladari, délégué pour la réalisation d'établissements pénitentiaires, même si les détenus s'y cachent pour se suicider ou planquer des outils qui serviront aux mauvais coups ! »

En cas de vandalisme, la réparation est prélevée sur leur pécule. Les matériaux doivent être très solides car les assauts auxquels ils sont soumis sont continus. Les W.-C. sont en acier inoxydable dans les quartiers ou les cellules disciplinaires.

Tout est encastré. Seuls apparaissent la cuvette, l'abattant en plastique et un bouton. Le réservoir et le siphon se dissimulent dans une gaine technique, elle-même fermée à clef, qui dessert deux cellules. Les chasses et les siphons servent en effet de cachettes indispensables à un début d'évasion. On peut y glisser des armes, des couteaux, de la drogue, de la ficelle, emballés dans du papier huilé que les détenus se procurent à la cantine.

De plus, comme le trou représente le seul orifice de sortie dans une cellule, ils l'assimilent à un vide-ordures. Le travail quotidien de certains employés se résume parfois à déboucher les toilettes.

Source d'humiliations donc, les W.-C. se retournent contre les surveillants lorsqu'ils deviennent les antichambres de la liberté.

Malgré toutes les mesures de sécurité, les prisons ne sont finalement qu'un énorme gruyère. Les prisonniers désœuvrés consacrent leur temps à échafauder les mille et une façons de se faire la belle.

Certains détenus ont réussi à s'évader par des cabinets, comme à Dieppe. Pendant trois mois, ils y ont creusé avec une cuillère un souterrain. Le tunnel « 59 » partait lui aussi des toilettes, mais cette évasion appartient à l'histoire du mur de Berlin. Trente-six étudiants ont creusé, pendant dix mois, le souterrain qui leur a permis de passer à l'ouest et d'aboutir à une boulangerie abandonnée, de l'autre côté du mur.

Dans *Fractures d'une vie*, Charlie Bauer, raconte son périple à travers les prisons françaises, des Baumettes à Clairvaux, Fresnes ou Lisieux, avec neuf années passées dans les Q.H.S. Il commente: «En 1980, à Fleury-Mérogis, j'écris sur du papier à rouler, que je recouvre de cellophane, puis de plastique soudé à l'aide d'un briquet. Je le mets dans ma bouche avant de le recracher, durant la promenade, sur mon compagnon qui le récupère. Il y a encore le truc du message roulé à l'intérieur d'une cigarette, dans laquelle on retasse bien le tabac. Il y a enfin les réservoirs des cabinets vidés de leur eau. On peut parler à travers les tuyaux...»

Le contact entre prisonniers sert de prélude à tout projet d'évasion. Il les aide également à tenir le coup. A Marseille, Charlie Bauer et ses codétenus ont ainsi mis au point la «communication interchiottes»: «... Nous vidons le siphon de son eau et nous pouvons ainsi parler. Il y a les odeurs, bien sûr, et surtout lorsque quelqu'un tire sa chasse d'eau..., ça pue tellement parfois que nous sommes obligés de battre en retraite, mais ce n'est là qu'un moindre mal par rapport à la satisfaction de parler à quelqu'un.»

Cette volonté de communiquer pour survivre, on la retrouve – via les «chiottes» – dans les camps. «Parlons de chiotte», écrit Cavanna dans *les Russkoffs*: «Une baraque parmi les baraques, quinze mètres de long, sept ou huit de large, mais sans cloisonnement intérieur. Une porte à chaque bout. Au milieu une fosse de deux mètres de large, longue de toute la longueur de la baraque, soit quinze mètres. Deux bons mètres de profondeur. Au milieu de la fosse, sur toute la longueur aussi, un madrier central, tu t'accroupis au-dessus du vide, comme un perroquet sur son bout de bois, tout à fait ça, tu pousses ta crotte.»

A ce « perchoir », Cavanna trouve quelque grâce : « Les sociologues vous diront que chier en groupe engendre la jovialité et resserre les liens tribaux. La conversation roule les éternelles vannes où le génie des peuples a toujours glorieusement associé la merde et le sexe, ces deux voisins maudits hilares. » La nature permet parfois d'approfondir les sujets : « Les constipés, poursuit Cavanna, les dort-en-chiant, dont je suis, se retrouvent aux heures tranquilles sur le perchoir à perroquets, entre habitués, et élèvent le débat. La constipation porte à la philosophie, à moins que ce ne soit l'inverse. »

URINOIR

VIII

Lieux communs

> « Personne, avec un peu de cœur, ne pourra nier que le spectacle du mâle, debout derrière une bande de tôle et qui contemple la foule avec ce sourire satisfait, vague et détaché, avec ce long regard de plaisir, est une chose agréable. »
>
> Henry Miller

Contrairement aux apparences, les vespasiennes ne doivent rien, si ce n'est leur nom, à Vespasien. En revanche, Titus Flavius Vespasianus est l'auteur d'une expression employée encore aujourd'hui. L'empereur s'illustre en instituant un impôt sur l'urine que les tanneurs recueillaient dans des récipients installés dans les rues. Son fils s'en offusque et le dit à son père. Un jour, celui-ci revint d'une collecte, lui mit de l'argent sous le nez et lui demanda de sentir les pièces. Il ne sentit rien et son père lui dit alors : « Mon fils, l'argent n'a pas d'odeur... »

Installées à partir des années 1840, à l'initiative du comte de Rambuteau, préfet de la Seine sous Louis-Philippe, il n'en reste plus que deux aujourd'hui dans Paris, ancrées pont Mirabeau et boulevard Arago. Elles offrent, à l'époque, l'avantage de ne pas multiplier le mobilier urbain et de ne pas encombrer la chaussée en cumulant deux fonctions : elles servent de support aux affiches à l'extérieur, et d'urinoir à l'intérieur.

Même si elles ne créent pas l'unanimité, les Parisiens, qui en sont privés, vont se battre pour en obtenir. Elles deviendront dès les premières années de la IIIe République un véritable enjeu électoral. Certains conseillers municipaux iront jusqu'à réclamer, pour elles, des emplacements bien précis.

Mais voilà, il se passe de drôles de choses à l'intérieur et ceux-là même qui les ont sollicitées, les commerçants surtout, vont demander qu'on les déplace au nom de la morale bourgeoise. La police multiplie ses mises en garde : méfiez-vous des trous effectués dans la cloison. Le diable peut vous glisser « par ces étroites et rondes ouvertures sa singulière carte de visite ». Les vespasiennes sont devenues pour beaucoup des lieux de rendez-vous ambigus, des « abcès de fixation » disent les policiers.

Dans *Clochemerle* de Gabriel Chevallier, une vespasienne installée par le maire sème le trouble dans un village du Beaujolais et finit par le diviser en deux : les pour et les contre, ces derniers étant rassemblés autour d'une « vieille fille » et du curé. L'armée devra intervenir pour résoudre cette affaire d'État dans laquelle le maire voit son intérêt politique.

Au nom également de l'odeur, elles peuvent faire fuir la clientèle, tout comme la vespasienne ambulante imaginée par Pagnol dans *Topaze.* Le propriétaire d'une brasserie demande à Topaze, devenu une personne influente, de déplacer la vespasienne que l'on vient d'installer devant son établissement. Topaze pose une condition, qu'il paie pour cela. Le propriétaire de la Grande Brasserie Suisse en question accepte. Et le scénario de se reproduire moult fois, jusqu'à cinq ou six cafés par an.

Un conseiller municipal de Paris va jusqu'à dire

qu'« elles offrent un spectacle répugnant, principalement lorsqu'elles se trouvent placées en face d'un café, d'un restaurant ou d'un théâtre. Pendant les entractes, on voit les spectateurs se ruer comme sur une proie dans les mêmes directions ». Robert Dhéry tournera en ridicule ces allées et venues dans les Branquignols.

Pourtant, que l'on en supprime une et cela provoque un tollé. Donc les vespasiennes vont mourir de mort lente. En mars 1961, le Conseil municipal y consacre l'un de ses débats. Comme le fait remarquer M. Lemasson (communiste) : « Cent trente de ces édicules, dont l'utilité n'est plus à démontrer, ont disparu de la voie publique et il n'en reste plus que deux cents. » Maître René Faysset (indépendant) demande énergiquement au préfet de la Seine par combien d'installations souterraines les « condamnées à mort » ont été remplacées.

L'art, heureusement, sait encore les faire valoir : *Édicule public*, spectacle de la troupe Manches à Balais Korporation, de Besançon, se déroule en effet dans la copie d'une vespasienne du XIXe siècle en tôle et fonte ouvragée, aménagée en « théâtre-boudoir ». Les six spectateurs qui assistent à ce « spectacle urbain d'intervention », mélange de jeu de mains et d'objets animés, gagnent leur place au cours d'une loterie placée devant l'édicule.

Avec l'avènement du métro, les lavatories gagnent du terrain, recommandées par les moralistes – elles sont plus faciles à surveiller –, les hygiénistes et les féministes. Rien n'a été prévu ou presque pour le sexe faible. A peine quelques chalets d'aisances qui ne sont pas pléthore, même si Alphonse Allais trouve que « dans un sens particulier, dans le sens chalet, Paris est une véritable petite Suisse... il est vrai qu'au gentil mot de chalet, le langage administratif ajoute "de nécessité". Qu'importe, ô Helvétie ! »

Le sexe faible doit se montrer fort. On le lui a appris

au pensionnat : une femme convenable se retient. L'ingéniosité de leur culotte fendue ou de leur jupe longue servira de bonne éducation aux autres. Il n'est pas si loin le temps où, dans les villages, les femmes écartaient à peine les jambes... Les lavatories gagneront une bataille, mais pas la guerre. Triomphe de l'automatisme et de l'égalité des sexes, les sanisettes les ont définitivement remplacées. Grâce à elles, nous gardons ce privilège que le monde entier et Henry Miller nous envient : « Ce peuple pour qui il n'est pas plus incongru de pisser en pleine rue que sous terre. » A l'instar des vespasiennes, leur installation ne se fait pas sans difficulté. Les Parisiens n'acceptent pas de gaieté de cœur d'habiter « derrière une pissotière », mais elles ont vaincu les réticences.

Eau courante, électricité, chauffage, tout à l'égout, musique pour les plus anciennes, petite fenêtre pour les plus récentes, elles tiennent de la studette. Les commerçants les tolèrent mais elles ne doivent pas les gêner, ni empiéter sur l'espace réservé aux piétons, tout en s'installant dans les endroits passants. Elles ont également l'interdiction de défigurer les façades classées.

A la fois bunker et cocon, encore aujourd'hui, les sanisettes de Jean-Claude Decaux font peur quand on n'en connaît pas le mécanisme, le plus dur étant d'y mettre les pieds la première fois. Peur d'y entrer. Peur d'y rester. Peur d'étouffer. 80 % des Françaises ne s'y sont jamais frottées, alors qu'à la différence des vespasiennes, elles s'adressent aussi bien aux hommes qu'aux femmes.

En dix ans, elles en sont déjà à leur troisième génération et, pour devenir plus attractives, elles ont fait toilette. Rien dans les premières ne ressemble à ce que l'on trouve normalement dans un W.-C. La cuvette, genre bidet, ne possède pas d'évacuation. Elle se vide, se nettoie et se désinfecte, en basculant par brossage comme pour un lavage de voiture : voir trôner ainsi ce pourquoi l'on est venu, au beau milieu, sans être noyé par l'eau ou aspiré par un trou, peut déstabiliser les plus téméraires d'entre nous. Vous en trouverez une, boulevard Saint-Germain, en face de chez Lipp.

Les nouvelles frôlent le classissisme : la cuvette en céramique a un siphon avec de l'eau dans le fond. Aujourd'hui, la simple pression de l'eau fait son œuvre, comme pour les machines à laver la vaisselle.

En raison de leur sobriété architecturale, on peut passer des dizaines de fois devant sans les remarquer. Elles se fondent à la ville, comme si elles éprouvaient de la honte à assouvir un penchant peu glorieux. La ville de Paris, par exemple, ne se donne aucun mal pour les signaler. Et, devant tant d'humilité, la rue s'en est emparée. Décidément ce lieu favorise tous les détournements. Les clochards viennent y trouver refuge lorsqu'il pleut et que les portes cochères se ferment. Les « sans domicile fixe » s'y font un semblant de toilette. Les pickpockets y laissent les portefeuilles subtilisés et ceux qui volent dans les magasins viennent s'y changer. Les équipes de maintenance trouvent en moyenne, par jour, dix kilos de vieux vêtements cachés dans la sanisette installée devant le magasin Tati du boulevard Barbès.

Pendant des mois, celle de Beaugrenelle, dans le XVe arrondissement, est tombée en panne par la faute d'une bouteille de kirsch qu'une vieille dame avait abandonnée après l'avoir bue en cachette. Inscrits à l'inventaire également : des parapluies, des sacs, des poupées gonflables – l'isolement au milieu de la foule doit en exciter plus d'un – et parfois des documents confidentiels. On frôla l'incident lorsqu'on y découvrit, un jour, des secrets d'État oubliés par un diplomate.

Mais celles qui tiennent aux sanisettes comme à la prunelle de leurs yeux ou plutôt... de leur porte-monnaie, en prennent grand soin. Les prostituées de la porte Maillot se montrent toujours promptes à téléphoner lorsque leur sanisette tombe en panne (« mes clients gueulent, on ne peut plus y entrer! ») et sont prêtes à soudoyer (en espèces ou en nature?) les techniciens chargés de leur entretien pour qu'ils passent plus souvent. Rien de plus qu'un échange de bons procédés dans le fond!

Que vous vous y rendiez pour la bonne cause, il y en a tout de même qui les utilisent pour leurs fonctions naturelles, ou pour la mauvaise, n'espérez pas de toute façon y rester plus d'un quart d'heure. Après ce laps de temps, un mécanisme se met en route pour ouvrir la porte. Sécurité oblige.

Decaux a mis au point un modèle spacieux réservé aux handicapés qui n'ont pas à descendre de leur fauteuil roulant pour y entrer. Jacques Toubon a été le premier à en installer devant sa mairie du XIIIe, et cette sanisette-là s'apprête à faire le tour du monde.

Les sanisettes ne sont pas les seules à se dissimuler. Toutes les toilettes publiques, qu'elles nichent sous terre ou à l'air libre, sont signalées du bout des lèvres. Comme si leur fonction n'avait pas grande importance au sein d'une ville. Comme si elles s'adressaient à ceux qui les connaissent déjà. Comme si les passants avaient le droit de se soulager sur la voie publique ou de profiter de l'hospitalité des cafés.

A en juger par l'état de certaines portes cochères au petit matin dans les quartiers de noctambules, ou par l'état de certaines carrosseries de voitures, les hommes sont nombreux à imaginer qu'ils peuvent déboutonner leur braguette à tout bout de champ! Ils ont tort. L'article 99 de la réglementation sanitaire l'interdit : « Les usagers de la voie publique et les occupants des propriétés riveraines sont tenus d'éviter toute cause de souillure des dites voies. Il est interdit d'effectuer des dépôts de quelque nature que ce soit, sauf autorisation spéciale, sur la voie publique, d'y pousser (!) ou projeter les ordures ou résidus de toute nature.» Sauf autorisation spéciale. Essayez toujours de la demander, en invoquant un besoin urgent, au premier gardien de la paix venu. Il y a peu de chances qu'il vous l'accorde. Si le mal est consommé, il pourra même verbaliser : un procès-verbal dit de troisième classe et une amende qui s'élève de six cents à mille trois cents francs. Cela coûte cher d'arroser la France. Une activité qu'affectionnent particulièrement les étudiants des Beaux-Arts! A plusieurs reprises, le gouvernement britannique a distribué dans les gares et les aéroports du royaume des brochures à l'intention des hooligans. Elles leur expliquent qu'à l'étranger il vaut mieux éviter de « déféquer dans la rue et d'uriner par la fenêtre... » Le font-ils chez eux?

Déjà dans l'Empire romain, il était interdit de jeter les vidanges sur la voie publique. Comme en France, il y a quelques années, des chariots passaient la nuit pour enlever les déjections. Mais il n'en a pas toujours été ainsi. Comme les toilettes publiques sont post-révolutionnaires, dans la France monarchique, chacun « fait comme il peut » et où il veut. Sur les murs, contre les arbres, dans les bosquets, ou aux abords des marchés. Dans les villes, on peut s'exonérer dans les rues affectées à cet usage : rue des Basses-Fesses, Bougrerue ou rue des Aisances.

Au Moyen Age, on pratique le tout-à-la-rue. Il faut simplement prévenir les passants qui s'aventurent sur la chaussée en criant : « Gare l'eau ! » ou « Gare dessous ! ». Déambuler dans Paris n'est pas une sinécure. On s'expose à des douches permanentes, peu rafraîchissantes et peu ragoûtantes, à en juger par le poème de Claude le Petit, écrit au XVIIe siècle :

> *« Mes souliers, mes bas, mon manteau,*
> *Mon colet, mes gants, mon chapeau*
> *Sont passés en même teinture;*

Et dans l'état où je me vois,
Je me prendrais pour une ordure
Si je ne me disais : c'est moi!»

Certains grands du royaume y goûtèrent en personne. Au cours d'une promenade très matinale dans Paris, Saint-Louis reçu le contenu d'un pot de chambre sur la tête. Le roi, plein de justice comme chacun sait, fit accorder une rente à son auteur pour le récompenser d'être déjà levé de si bon matin : c'était un étudiant!

Aujourd'hui, ceux qui pensent pouvoir se servir impunément des toilettes des cafés sans consommer ont également tort, même si la législation ne prévoit rien en ce domaine. En fait, tout dépend de l'attitude du patron et de sa conception de l'accueil. Un café réussit la gageure d'être tout à la fois un établissement privé et public. Le cafetier, sans contrevenir à un quelconque règlement, a le loisir d'afficher dans son établissement qu'il réserve l'usage des toilettes aux seuls clients. Il peut aussi laisser faire... De toute façon, il peut décider de vous en interdire l'entrée discrètement.

Dans *le Monde* du 16 février 1984, Claude Sarraute consacre son billet aux waters des cafés, « un sujet qu'on ne songe guère à aborder dans les austères colonnes de ce journal, un sujet de gêne, de perplexité et d'irritations quotidiennes ». Et la billettiste s'interroge : « Pousser la porte d'un bistrot, dans la seule intention d'aller aux commodités, c'est beaucoup moins évident qu'il n'y paraît. Quelle contenance adopter? Faut-il... prendre l'air affairé et distrait de qui cherche quelqu'un de connaissance au hasard des banquettes et s'engouffrer subrepticement dans l'escalier? Faut-il commander un petit blanc, histoire de payer son écot, ou bien, et c'est l'attitude la plus appréciée derrière le comptoir, demander carrément son chemin à la caisse en laissant un pourboire? »

Les cafetiers affirment préférer cette solution. Reste que la majorité d'entre eux ont trouvé la parade pour éloigner les indésirables : faire payer. Mais attention, il ne s'agit pas là d'un moyen supplémentaire pour faire fructifier le fonds de commerce!

Les établissements ont tout intérêt à limiter la fréquentation de leurs waters, car ils sont responsables de ce qui s'y passe. « Des W.-C. libres sont un véritable cauchemar » va jusqu'à expliquer Robert Henri, le vice-président national des cafetiers. « Si la police s'aperçoit que certains viennent s'y droguer, les ennuis commencent pour nous, même si cela se déroule à notre insu. Si, par malheur, un toxicomane y meurt d'une overdose, nous risquons une fermeture administrative... » L'actualité est là pour le rappeler. A Tours, le 10 août 1985, dans un bar du centre. Il est 16 h 30, un jeune homme de 25 ans, marié et père d'un enfant d'un an, se dirige tout droit vers le sous-sol. Deux heures plus tard, on le retrouve mort, derrière la porte close. A Marseille, le 22 octobre 1984, avenue de Toulon. Il est un peu plus de 22 heures. Éric, 24 ans, ne prend pas la peine de s'enfermer, les policiers savaient qu'il se droguait. A chaque fois, ou presque, la seringue tombe à côté du corps qui gît...

La drogue, on la consomme dans les W.-C. publics, on l'y vend également. Cinéma et littérature n'hésitent pas à utiliser ce « cliché » en variant les situations. Dans *37°2 le matin* de Philippe Djian, c'est de coke qu'il s'agit. Le narrateur rencontre dans des « urinoirs rose indien suspendus au mur » un jeune homme. Ils se parlent, commentent leurs « jets » et finissent par conclure un marché : « On s'est bouclés dans les toilettes des hommes et il m'a préparé le truc sur le couvercle de la chasse d'eau. Je me suis mouché consciencieusement avant de me l'envoyer. »

Scène comparable dans *la Loi du désir* d'Almodovar,

mais il s'agit alors d'une boîte de nuit, tandis qu'Eddy Murphy se contente d'y fumer un joint de haschisch dans *Un fauteuil pour deux* de John Landis.

« La drogue, le vandalisme, la saleté, poursuit Robert Henri, il faut tout le temps surveiller, et intervenir pour réparer ou nettoyer. En faisant payer, on arrive à éloigner certains indésirables. » Les associations de consommateurs reconnaissent aux cafetiers la liberté des prix. Notre seul droit consiste à nous plaindre s'ils sont sales ou s'ils manquent de papier. D'après une étude, les femmes sont prêtes à payer trois francs pour être sûres de trouver l'endroit propre. Les patrons de bars ont le choix entre deux solutions : celle d'installer des serrures qui fonctionnent avec des pièces (leur état de saleté ressemble parfois pourtant à s'y méprendre à leurs frères gratuits), ou bien d'engager une dame-pipi.

La comédienne Sabine Haudepin se fait l'écho de beaucoup : « Ce n'est pas de payer qui m'ennuie, si je suis sûre de trouver l'endroit propre. C'est que l'on a rarement sur soi la monnaie nécessaire. Je vous conseille la dame-pipi de la brasserie Boffinger à la Bastille. Elle n'est pas hystérique si vous n'avez pas la pièce et elle se montre compétente en plus ! »

Les dames-pipi préfèrent s'appeler aujourd'hui des dames-lavabo. Précision importante qui privilégie une fois de plus la notion de propreté même si la fonction reste la même... Elles jouent le même rôle qu'une concierge, se plaignent ceux qui n'aiment pas laisser d'obole ; elles surveillent les entrées et les sorties et réclament de l'argent.

La caricature de la vieille dame un peu sorcière, plutôt acariâtre et tellement repoussante que l'on n'a pas envie de s'attarder, n'est plus de mise. Souvent d'origine étrangère, elles choisissent ce métier plus jeunes qu'autrefois et avouent des revenus déclarés de six mille francs par mois, en moyenne, et inavoués de dix mille francs, voire plus, dans les endroits chics !

Mireille, dans les Halles, prétend que les femmes sont sales, et qu'elle débusque, à leur comportement, celles qui ont des domestiques à leur service : « Je n'ose pas vous dire ce que les femmes du soi-disant grand monde laissent par terre. Même si je leur en fait la remarque, c'est moi qui suis obligée de tout ramasser et nettoyer, car elles estiment qu'elles payent pour cela. Elles achètent même cela. » Lorsque les clients oublient de payer, ils sont rappelés à l'ordre. Pendant une quinzaine d'années, Pascale, sur les Champs-Élysées, leur a hurlé : « Les toilettes ! »

Elles sont rétribuées au pourboire et comme le dit Berthe, qui a servi chez Lipp pendant trente ans, « dans ce métier, il faut avoir une tête à pourboire ». Elle s'est confiée à Jean Divo dans *Chez Lipp*, le livre qui raconte la vie de la célèbre brasserie parisienne : « J'aurais voulu être professeur d'histoire-géo, mais j'ai été dame-pipi. Que voulez-vous, nous étions pauvres. J'ai bien été reçue première au concours des bourses mais mes parents n'ont pas pu me laisser continuer mes études. Pour ce succès, le conseil général m'a félicitée et m'a remis mille anciens francs. Je rêvais alors d'un manteau bleu et d'un petit chapeau assorti. Ma mère m'a dit : "On verra s'il reste quelque chose, mais on va d'abord acheter une vache." Il n'est rien resté, je n'ai pas eu mon manteau et j'ai dû garder la vache... »

Pendant trente ans, elle a rangé les manteaux des autres, mais sa célébrité a dépassé les frontières.

Nichées six pieds sous terre, les dames-pipi de la ville de Paris ne voient pas souvent le jour. Elles règnent sur les lavatories. A longueur de journée, les insultes pleuvent sur le maire : « Oui, c'est encore Chirac qui s'en met plein les poches ! »

Les cafés construits aujourd'hui sont devenus des lieux conviviaux où l'on ne vient plus seulement pour boire. Ils se doivent d'être confortables jusque dans les toilettes, aussi délaissées que celles des écoles dans le passé. Sans doute est-ce pour cela qu'il revient à l'un d'entre eux d'avoir magnifié l'endroit : le café Coste, Fontaine-des-Innocents aux Halles, à Paris. Philippe Stark, son créateur, affirme que ses toilettes ont fait son succès. Les Japonais viennent même les visiter en groupe.

La légende raconte qu'un jour un établissement célèbre perdit une étoile au guide Michelin en raison de l'état de ses toilettes. Certes, ses limiers tiennent compte de ce lieu comme de tous les autres, la fête ne doit pas comporter de fausse note, mais il n'est jamais arrivé qu'un grand établissement en ait de sordides. De toute façon, retenez l'axiome : que ce soit dans un café ou dans un restaurant, elles révèlent la propreté et la générosité du lieu.

Elles jouent aussi un rôle important dans les stations de sports d'hiver où elles ne doivent pas déroger à quatre règles d'or : spatieuses et facilement identifiables ; il doit y avoir un portemanteau dans chacun des cabinets ; la neige qui colle aux chaussures de ski ne doit pas se transformer en eau stagnante à l'entrée, à l'image de celles du funiculaire de Cauterets dans les Pyrénées.

Jean-Claude Roques, l'auteur du guide des stations des Pyrénées, vous conseille, dans cette région, de les choisir en tenant compte de la vétusté du bâtiment qui les abrite. Plus il est vieux, moins il est recommandé de s'y aventurer.

En bas des pistes, les commerçants voient d'un très mauvais œil que vous vous en serviez sans consommer sauf à Saint-Lary, où ils ont signé une charte d'accueil avec la municipalité. En haut des pistes, évitez, Messieurs, de vous laisser aller n'importe où comme la plupart de vos congénères ; ainsi, durant tout un hiver à Gourette, on a pu voir le panneau suivant en haut d'un télésiège très emprunté : « Messieurs, veuillez vous soulager cinquante mètres plus bas. » La jeune femme qui s'occupait de l'arrivée des skieurs ne supportait plus de voir sa belle neige des montagnes jaunie par des touristes sans vergogne.

Le maire de Val-Thorens et des Ménuires, dans les Alpes, se montre catégorique : « Une station de sports d'hiver n'est réussie que si ses toilettes le sont. De ce lieu dépend son image de marque auprès de la clientèle internationale. Et, en la matière, la concurrence avec les stations suisses et autrichiennes toutes proches complique la tâche. Là-bas, tout est luxe, calme et volupté, de vrais hôtels quatre étoiles. » Et Georges Cumin d'évoquer les petites dernières de Val-Thorens, celles du Funitel.

Les skieurs lui donnent raison : les W.-C. reviennent comme un leitmotiv lorsqu'on les interroge et que l'on dépouille les cahiers de réclamations déposés dans les offices de tourisme. Ici, plus qu'ailleurs, l'évacution des eaux usées pose des problèmes. Pas facile de s'armer tout d'un coup contre un afflux soudain et saisonnier d'excréments. Problèmes épineux dans les refuges : celui de Félix Faure au-dessus de Pralognan-la-Vanoise, par ses infiltrations, contaminait l'eau de la station.

Georges Cumin rêve de W.-C. à pyrolyse qui fonctionneraient au gaz. Mais, en attendant, il se souvient de ce jour pas très lointain où la reine Sophie d'Espagne, arrivée en haut du téléphérique de la cime Caron, demanda où aller. Le gardien fut obligé de lui répondre : « Majesté, c'est là-bas derrière, sous le pommier. » Cela la fit sourire, mais elle ne s'y rendit pas pour autant.

Sur les aires de repos des autoroutes, vous trouverez essentiellement des W.-C. à la turque, les seuls qui résistent aux dégradations. Les automobilistes volent ou désossent les cuvettes anglaises; le papier, souvent humide, semble avoir ramassé la pluie et le verrou, lorsqu'il existe encore, remplit très exceptionnellement ses obligations. Tous les automobilistes crient au scandale mais à qui la faute, si ce n'est à ceux-là même qui se plaignent et qui s'en servent : trois automobilistes sur dix ne tirent pas la chasse. L'enquête a été réalisée pendant les vacances d'été sur l'autoroute A10, entre Poitiers et Bordeaux. Oubli fâcheux qui a incité la société d'exploitation Autoroutes du Sud de la France, à installer un système informatisé. Il se met automatiquement en route, désinfectant et désodorisant assurés pour le suivant.

Ne comptez pas sur les guides pour vous aider à sélectionner des toilettes dignes de votre auguste fessier. Même le Guide du Routard, créé dans l'esprit soixante-huitard et dont l'approche pratique du séjour est une caractéristique indispensable à tout voyage à l'étranger, ne les indique pas. Si l'on vous signale où boire, manger, dormir, acheter vos cigarettes, des toilettes « oualou »! Seules quelques éditions récentes leur donnent voix au chapitre. L'auteur du guide des stations des Pyrénées avait prévu de les indiquer, mais son éditeur a censuré l'initiative. Et pourtant, des guides réservés aux seules toilettes existent partout en Europe, en Allemagne et en Grande-Bretagne notamment.

Certains voyagent en faisant le tour des musées, des ruines, d'autres des restaurants gastronomiques, d'autres encore des golfs. Pourquoi ne pas imaginer faire le tour des hauts lieux des basses œuvres? Avec un guide qui vous les signalerait par exemple...

Évitez les toilettes des « Buffets de la gare » en général, et celles du Havre en particulier. Au Funiculaire de la ville, rue du Maréchal-Galliéni, faute de lumière, fiez-vous à l'odorat. Et que les gros ne cherchent pas à jouer les caïds dans celles du... Caïd, rue Victor-Hugo car on peut à peine s'y retourner. Si vous avez l'humeur bucolique, choisissez à Nancy, celles du Bateleur d'Or, un tantinet rustiques, avec leur mobilier en chêne massif.

Changement de décor pour les toilettes de Flo : espace froid et raffiné au carrelage blanc qui contraste avec l'architecture 1900 de la salle. Les étudiants de la fac de lettres, boulevard Albert-1er, exercent leur talent au 1er étage : une effervescence épistolaire, commune à tous les étudiants : revendications politiques, amoureuses, poétiques et racistes.

A Lyon, évitez les vespasiennes à gauche de l'entrée principale du parc de la Tête-d'Or. (Pourquoi les toilettes des parcs sont-elles si sales en France ? Une incitation à déposer sa part d'engrais naturel directement sur les pelouses sans doute.) En mal d'exotisme, courez au « Pago-Pago ». Tous les sons que vous pourrez y émettre seront couverts par les barrissements et les cris des animaux sauvages.

Poitiers a une prédilection pour les « hommes-pipi ». Le fait est suffisamment rare pour être signalé. Et l'on peut féliciter celui qui officie dans le passage souterrain qui relie le « Printemps » à la place du Maréchal-Leclerc.

Si la qualité du café servi dans un bar dépend de l'état de ses lieux, préférez le King Charles, le Charleston, le Welcome et le Saint-Martin aux autres.

Comme Quimper, place de la Tour-d'Auvergne, Rennes se réserve des lieux pour les homosexuels. Le premier, au Contour de la Motte sous le jardin de l'ancienne préfecture, et le second près de l'église Toussaints, rue Toullier. Si vous aimez être déshabillé du regard, essayez celui qui se trouve près du Comptoir du Mail : on y pisse le buste à l'air.

A l'île d'Yeu, dirigez-vous tout droit vers la tour sud de l'ancienne forteresse. Passez le pont en bois et regardez le trou dans le granit. Pas besoin d'emporter de papier les jours de tempête.

En Corse, avis de vue imprenable sur la mer, dans la baie de Girolata, près de l'épicerie. Et à Nice prévoyez de dormir ou presque dans celles du Négresco...

A Toulouse, c'est trop tard! Il fallait venir en juin 1988. De jeunes artistes, soucieux de rompre avec la routine des expositions et du marché de l'art, ont monté l'opération « Toilette d'artistes ». Plutôt qu'une galerie, ils ont proposé un itinéraire de chiottes dans les bars et dans les discothèques. Des chiottes peintes, décorées, tapissées : « Refermer la porte derrière soi et ouvrir une parenthèse dans le temps pendant lequel le spectateur est seul. Quel endroit mieux approprié pour la contemplation et la réflexion? »

Essayez de retrouver *le Guide Porcelaine to the Loos of Paris* de Jonathan Routh pour vous diriger dans la capitale. Cette unique initiative pour la France date de 1966. (On la doit à un Britannique coutumier du fait dans son pays où il met à jour régulièrement un guide sur les *loos* de Grande-Bretagne.) Il vous indique celles de Notre-Dame de Paris où se trouve un siège avec un marchepied en cuivre qui ne sert plus.

Rendons hommage à celles du restaurant la Luna, rue Dauphine, qui ont le génie de réunir petit coin et petit écran incrusté dans le sol. *Le Grand Bleu* sous les pieds, assis sur un W.-C., c'est unique au monde d'après son patron, Jean-Pierre Durand.

N'oubliez pas non plus qu'il existe aussi des toilettes classées à l'instar des monuments : à Paris, celles de deux restaurants comme Prunier et Polidor; les premières proviennent d'un paquebot américain et les secondes, à la turque, sont taillées à même le rempart de Philippe-Auguste. Dans la Manche, les latrines du manoir de la Faucherie au Mesnillard, du manoir des Réaux à Cambernon et du rempart de Granville.

Reste que l'endroit au monde où vous trouverez la plus grande concentration de W.-C. extraordinaires au mètre carré se trouve à San Luis Obispo, en Californie, sur la route qui mène de San Francisco à Los Angeles. Le « Madonna Inn » a été conçu par Walt Disney pour les « honey-mooners », jeunes mariés devant la loi ou amoureux devant l'éternel. Les chambres, toutes plus folles les unes que les autres, ont chacune une décoration spécifique : vous dormirez et vous ferez pipi près d'une cascade (le bruit de l'eau vous aidera), dans une caverne (en vous demandant si l'homme de Cro-Magnon s'accroupissait), dans la crypte d'une cathédrale (bonjour les fantasmes !), dans un tipi (rouge d'effort !), ou sous une tente de safari (un lion à vos trousses !)

IX

Le torche-cul

« Quand on va aux waters, on s'essuie convenablement. »

Hervé Bazin

Émile Zuccarelli, député-maire de Bastia, s'en souvient comme si c'était hier. En 1962, sa promotion à Polytechnique décide de recevoir, c'était encore sur la Montagne Sainte-Geneviève, ses camarades de Saint-Cyr.

A l'époque, les futurs polytechniciens bénéficiaient d'une dotation régulière de papier hygiénique marron et plié. Comme toute l'école en était pourvue, les paquets s'entassaient dans les placards et sous les lits. Un élève eut l'idée de s'en servir pour réserver aux « Cyrards » un accueil triomphal.

Certains montèrent sur les toits, les autres restèrent dans la cour. Ciel bleu azur, petit vent taquin, à l'arrivée des Saint-Cyriens, des milliers de petites feuilles se mettent à tournoyer et se posent langoureusement sur le sol après avoir effleuré les casoars, les drapeaux et les uniformes.

« C'était Broadway, raconte le député corse. Tout le monde s'en fut déjeuner, ravi, bras dessus, bras dessous ou presque... tant le spectacle était réussi. Mais tel l'effet d'une douche froide, le soir, le ministre de la Défense et " tuteur " de l'école, Pierre Messmer, je crois, réclame que des têtes tombent : le drapeau français a été profané! Difficile de sanctionner six cents jeunes gens. On fit une sélection laborieuse parmi les moins disciplinés, mais, comme on se rendit compte du ridicule de l'affaire, pendant tout le temps de leur mise aux arrêts, le régime de rigueur se transforma en régime de faveurs. Toutefois, les X ne furent plus jamais dans les petits papiers du ministre. »

On a du mal à imaginer que l'histoire puisse se reproduire à l'aube de l'an 2 000. En revanche, celle-là se déroule de nos jours.

Avant de vous emmener dans le désert, l'organisation Explorator vous demande d'emporter une liste de choses indispensables au bon déroulement de vos vacances. Parmi elles, figurent des allumettes dont on ne précise pas l'utilisation. Perspicace, vous imaginez qu'elles serviront à préparer la nourriture. Mais les Touaregs ont tout prévu pour faire chauffer le thé qu'ils vous destinent. Au bout de quarante-huit heures, vous aurez la clef de l'énigme. La nuit tombe. Le temps est venu de s'isoler pour se soulager. De loin en loin, une petite flamme furtive jette quelques éclats, comme autant de villages lointains imaginaires : les allumettes ont pour mission de brûler le papier hygiénique qui n'est pas biodégradable. A W.-C. tabou, papier hygiénique tabou... Et les exemples ne manquent pas.

Lorsque le réalisateur Étienne Chatillez, qui n'a pas encore signé *La vie est un long fleuve tranquille,* demande à Charlotte de Turckheim de tourner dans le spot publicitaire que lui a commandé Scott Paper pour son papier Le Trèfle, la comédienne refuse et elle s'explique : « J'entendais d'ici les quolibets... Avant elle jouait les marrantes, maintenant elle est devenue chiante... Non, je n'ai pas de tabous. Mais le papier ça sert à s'essuyer, il ne faut pas l'oublier et je n'allais tout de même pas lier mon image de marque à de la merde, quoi !... Question d'évidence, pas de honte. » Quelques années plus tard, lorsqu'elle vantera les mérites d'une lessive devant une machine à laver le linge, la comédienne oubliera qu'une poudre, cela sert aussi à enlever la saleté.

Pourtant, l'élégance et l'humour du spot publicitaire qu'elle refusa de tourner marqueront les esprits : une femme, dans un décor de boutique, choisit la couleur de son papier avec le même soin et les mêmes interrogations que si elle achetait une robe. La vendeuse vante la très belle collection de papier qu'elle propose, comme s'il s'agissait de tissus. Le Trèfle a décidé de fonder sa communication sur le plus qu'il propose, la diversité de ses couleurs et de ses parfums et non la douceur.

Lorsqu'il s'agit de P.Q., la publicité doit se servir de symboles.

Il faut évoquer le produit de façon décalée. Le consommateur ne veut pas entendre parler de ce que l'on fait effectivement avec, et les publicités qui ont recréé avec trop de réalité l'univers des toilettes n'ont pas marché. Il faut suggérer les choses, comme dans la publicité du papier toilettes Kleenex Velvet. Ici on démontre la qualité du papier grâce à une mise en scène imaginée par un réalisateur britannique : deux hommes viennent régler leurs comptes dans des toilettes sous le nez d'une dame-pipi. Une vieille dame aux cheveux poivre et sel que beaucoup identifient à Margaret Thatcher.

Les qualités que l'on demande à un papier sont remises en situation, mais jamais montrées dans leur emploi réel. L'un des deux hommes transpire et s'essuie le front avec une feuille pour rappeler les qualités d'absorption. Il est neutralisé et momifié avec un rouleau pour évoquer la résistance. Avant de le lui mettre dans la bouche, la dame-pipi lui passe une feuille sur son visage qui se détend. Dernière image qui insiste sur la douceur. Du coup, en voyant cette pub, en avant première sur Canal Plus, Claude Lelouch réagit en s'exclamant : « C'est bien... Ça sert à tout sauf à... » Eh oui, on parle de tout, sauf de s'essuyer le postérieur...

Cette publicité a le mérite également de valoriser le papier qui pourrait être mis à d'autres contributions. Il reste confiné dans l'univers des toilettes, car on considère comme sale, par exemple, de se moucher dedans. Pourtant, ses qualités hygiéniques sont identiques à celles des mouchoirs en papier. Les différences portent sur la taille et sur le pliage.

Autre publicité plébiscitée, celle de Scottex. Elle a le mérite d'impliquer tous ceux qui la regardent avec une simple phrase : « Je vais vous parler de quelque chose qui touche tout le monde. » Et l'on voit une femme vanter la douceur d'un rouleau, avec comme slogan « doux comme vous ». Dans l'émission *Nulle part ailleurs*, le rouleau est devenu un journal, Nice Scottex... Le pastiche garde la phrase « Je vais vous parler de quelque chose qui touche tout le monde », mais le slogan devient « Nice Scottex, le seul journal qu'on lit aux chiottes et qui y reste ».

Enfin la reine des reines, dont la France entière se souvient, la première en fait, celle du Bébé Lotus. Le fabricant innove en décidant pour la première fois de « communiquer » : un bébé à la frimousse et aux fesses de rêve, se lève de son pot et entraîne dans ses pas le papier qui se déroule, jusque dans la salle à manger où il crie « maman » pour que celle-ci laisse ses invités et vienne s'occuper de lui.

Ce spot est passé pendant dix ans à la télévision. Pourtant le président de la R.F.P., la régie qui centralisait la publicité des chaînes pas encore privatisées, lui mène la vie dure. Cela le choque que les familles puissent voir, à 20 heures, l'heure du dîner, sur leur petit écran, des fesses dénudées, fussent-elles celles d'un bébé. En plus, ce qui le gêne, c'est que l'enfant devient prescripteur car ses menottes touchent le papier, ce qui sera interdit, par la suite. Coup de génie! Dans la deuxième version, le papier se déroule tout seul comme emporté par on ne sait trop quel élan.

Quoiqu'il en soit, les téléspectateurs s'extasient devant cette scène touchante de la vie familiale, et Lotus réussit son pari. Nous sommes en 1970. La société lance sur le marché un produit ouaté qui apporte deux fois plus de douceur mais qui coûte deux fois plus cher. Il faut faire « passer la pilule », d'autant que la ménagère s'imagine toujours que le papier coûte la peau des fesses et qu'elle dépense des sommes folles pour cette sale besogne. Sommes qui s'avèrent en fait dérisoires dans le budget d'un foyer puisqu'elles approchent les 160 F par an.

On peut d'ailleurs s'étonner que ce produit soit si bon marché. Le prix se compose à hauteur de 50 % pour la matière première, l'énergie représente 20 %, l'emballage et la main-d'œuvre autour de 10 % à 15 % chacun.

S'il existe un rayon où comparer les prix ne présente pas grand intérêt, c'est bien celui-ci. Mais le consommateur, qui n'est jamais prêt à payer très cher un produit fonctionnel, répugne en plus à consacrer ses deniers à l'achat d'un papier qui se jette après avoir essuyé de la merde. Les enfants jouent un rôle important dans cette impression de dépense. Les jeunes mères sont obsédées par l'idée qu'ils puissent le gaspiller. Il est vrai que la radinerie et le sens de l'économie s'exercent toujours sur les petites choses.

Au demeurant, les enfants adorent jouer avec. Ils dévident des mètres et des mètres de papier, à l'image des chats qui prennent des bobines de laine entre leurs griffes. Ils n'hésitent pas non plus à jeter des rouleaux entiers dans la cuvette, ce qui la bouche. Mais, n'ayez aucune crainte. De toute façon, les dépenses supplémentaires qu'ils occasionneront ne seront jamais somptuaires.

Il est même étrange que des ménagères puissent accorder autant d'importance au coût d'un produit qui représente une part si infime dans les dépenses du foyer. Elles se plaignent, et certaines vont jusqu'à réclamer un système de dévidoirs qui, une fois une portion déterminée tirée, pourrait bloquer son déroulement.

Comme le reste de la famille rechigne souvent à l'acheter, elles s'en chargent, contraintes et forcées, et l'on distingue trois sortes de femmes. Celles qui foncent tête baissée sur le moins cher. Elles ne s'impliquent pas dans l'achat qui ne les intéresse pas. Viennent ensuite les exigeantes, celles qui ne font pas du prix le critère dominant. Elles transcendent son usage en choisissant la qualité et une marque connue. Enfin les raffinées, qui attendent beaucoup de lui. Il doit répondre en plus à l'esthétique du lieu. Elles assortissent sa couleur au décor, telle France Roche qui, détestant le rose, choisit du bleu pâle, du mauve, du blanc et se réjouit d'avoir trouvé du parme.

Mais les ménagères ne sont pas les seules à imaginer que les dépenses en papier atteignent des sommets dignes de l'Himalaya. Amusez-vous à tester les réactions de ceux qui vous entourent. Dans son budget annuel prévisionnel, la Maison de la Radio par exemple, prévoit trente-trois mille francs seulement de dépenses pour les besoins quotidiens de ses employés. Pour ce prix-là, le personnel, il est vrai, se « torche » avec un papier très bas de gamme.

Ce « trou » dans les budgets inquiète également certains chefs d'entreprise, très près de leurs sous, pour qui les petites économies font les grandes fortunes. Seuls

57 % des patrons offrent à leurs salariés du papier ouaté. Pourtant, les français savent se montrer discrets. Ils se servent peut-être du téléphone pour leur usage personnel mais, rendons-leur hommage, ils consomment à l'extérieur de chez eux et sur leur lieu de travail deux fois moins de papier hygiénique. Ainsi, un enfant utilise en moyenne huit feuilles par jour à l'école. A raison de quatre jours et demi de présence par semaine et de trente-cinq semaines scolaires par an, les dépenses s'élèvent à mille deux cent soixante feuilles par an soit un budget de près de dix francs pour un papier ouaté de qualité moyenne.

Le P.-D.G. de Woolite, il y a quelques années, aimait réfléchir à la gestion de sa société dans les toilettes de son bureau. En poussant un jour, très loin... sa réflexion, il prend conscience, tout en trônant, que les employés s'essuient au moins une fois par jour. A raison de cinquante mille employés et d'une consommation moyenne de tant de feuilles... (il se base sur la sienne), il calcule rapidement les dépenses et les économies qu'il pourrait réaliser si les rouleaux, moins larges, étaient vendus moins chers... Et il n'éprouve aucune honte à contacter des fabricants.

Sa demande restera lettre morte, car les mensurations du papier hygiénique n'ont pas été élaborées à la légère : 125 mm de long sur 100 mm de large, en moyenne, à un ou deux millimètres près. Dans le catalogue des normes françaises, le papier hygiénique est répertorié à la lettre Q. Peut-être faut-il y voir une facétie de Boris Vian, qui fut ingénieur à l'A.F.N.O.R., l'association des normes françaises...

Les feuilles françaises sont beaucoup plus petites que leurs cousines allemandes (140 sur 100) et surtout britanniques (140 sur 110). Autrement dit, les Anglais ne lésinent pas. Ils font la même chose que nous avec un grand bout de papier. 23 % de surface en plus, cela n'a l'air de rien mais concourt à donner un confort moral : plus c'est grand, plus c'est confortable et moins on a de chance de s'en mettre plein les mains...

La norme A.F.N.O.R. nous impose également d'inscrire sur le paquet le nombre de feuilles. Personne ne le lit, si bien qu'au fil des années, il va en s'amenuisant. En revanche, le consommateur même s'il ne l'exprime pas très clairement peut s'apercevoir à la longue qu'un paquet dure moins longtemps.

Lorsque l'on évoque le papier hygiénique, il faut savoir être poète... la consommation française s'étend sur près de 61 400 000 km et couvre 153 fois la distance de la lune à la terre. En une seule journée, les Japonais en consomment quatre fois plus que ce qu'il faudrait pour ceinturer la terre.

La France est très loin d'être au bout du rouleau, loin derrière les États-Unis. En 1982, la consommation par an et par habitant s'élevait à 2,4 kilos contre 5,6 outre-Atlantique. Elle est passée à 4,2 en 1989 contre 5,8. Peut-être faut-il en chercher l'explication dans la façon dont on l'utilise? Les Français frottent, les Américains tamponnent.

Les Français, disciplinés (pour une fois!), superposent les feuilles, une par une, en accordéon, en respectant la pliure. La résistance globale dépend de l'addition des feuilles. Les Américains en font une grosse boule et se tamponnent pour ne pas abîmer leurs muqueuses. Le papier n'a plus besoin d'être résistant.

Sa consommation dépend aussi de notre anatomie. Dans *A propos d'hygiène ou les Réflexions d'un cuistre*, Michel Istre considère qu'elle est affaire individuelle : « Elle dépend de l'anatomie du pli fessier, de l'état de la muqueuse anale, de la consistance des selles et surtout de la vélocité du transit : il est évident qu'aux deux extrêmes le constipé chronique épargne son budget face aux dysenteries. »

Le papier idéal réunit tout à la fois, absorption, résistance et douceur, mais en termes de fabrication, ces deux dernières qualités s'avèrent antinomiques. Plus il est doux, plus on en consomme, car plutôt que d'écourter la tâche, on la soigne et on la prolonge. Il existe cinq façons de tester la douceur. On peut, par exemple, passer le doigt, puis la paume des mains sur la surface du papier posé sur une table. Les deux impressions diffèrent car le doigt écrase et la paume met en évidence les aspérités. Ou bien, on prend la feuille et on la met à plat sur la main que l'on replie. Soit elle épouse la forme des doigts, soit elle forme des angles.

Il existe des « goûteurs » de papier comme il existe des goûteurs d'eau capables de noter un produit, de l'identifier et de garder en mémoire sa douceur. Aujourd'hui, le marché français propose trois sortes de P.Q. Le « bulle corde », en général brun et fabriqué avec du papier de récupération selon la méthode utilisée pour le carton. Très en vogue dans les collectivités et les administrations, il a perdu de ses charmes face à ses concurrents. Sa feuille résiste, certes, à toutes les épreuves, mais elle manque de douceur. De cette douceur chère à notre cœur et à notre cul...

Le « crêpé », le deuxième de ces produits, garde un aspect rêche et des adeptes avec 5 % du marché. Il est fabriqué à partir de pâtes mécaniques et ne possède qu'une simple épaisseur. Il se garde bien de vous caresser le fessier et de plus, il est bruyant.

Double voire triple épaisseur, la ouate a révolutionné « en douceur » le papier et rangé aux oubliettes le crêpé des années soixante. Aujourd'hui, elle représente l'essentiel des ventes grand public, près de 95 % et a même atteint les sommets du Top 50 grâce à Caroline Loeb.

Mais les goûts des Français ont des particularismes. Nous sommes les seuls, avec les Québecquois, à consommer du plié, (22 % du marché). Notre couleur fétiche, c'est le rose. Nous l'aimons aussi parfumé, et nous l'achetons en très grande quantité, comme pour se débarrasser ou par peur d'en manquer.

On en vend toujours à l'unité dans les pays anglo-saxons alors que les Français se ruent sur les lots de 12, 16, 24, voire 36 et 72 rouleaux. On ne sait trop pourquoi les Parisiens et les gens du troisième âge restent fidèles au papier plié. La légende veut que les GI's américains en 1944, débarquèrent sur le sol français avec du papier plat. Ils prenaient moins de place que les rouleaux dans leurs bardas. Leur fabrication restée quasi artisanale coûte beaucoup plus cher que celle des rouleaux entièrement automatisée.

Autre originalité bien hexagonale, le papier parfumé, loué par les uns et décrié par les autres, dont on ne sait s'il faut le prendre pour un « cache-merde » ou l'expression d'un grand raffinement. Le Trèfle propose quatre senteurs différentes dont la composition n'a rien à envier à nos plus grands parfums. Jugez plutôt : avec « Jardin », vous vous essuyez avec un mélange de géranium de méditerranée, de jasmin, de jacinthe, de citronnelle et de rose turque ; c'est presque mieux qu'une randonnée avec « Montagne », un mélange de sauge des Alpes, d'essence de sarriette, de pin et de menthe sauvage ; à « Lavande » on ajoute de la mauve et de la sauge ; au petit matin, je vous conseille « Aube », un mélange de citron sauvage, de limette, de bergamote, de vanille, de patchouli et de santal. Quand on aime, on ne compte pas... Pour faire taire ses détracteurs, le désodorisant se glisse sur le mandrin sur lequel il s'enroule et non dans la pâte à papier.

Était-ce de façon prémonitoire, le signe de l'évolution politique de notre pays, mais les Français aiment surtout le rose parmi les couleurs layettes. C'est un pari sur l'avenir que de leur proposer aujourd'hui du jaune, du pêche ou du violet, des couleurs qui font tourner la tête des Anglais. Le papier de couleur a aussi ses détracteurs qui lui préfèrent le blanc. Les fabricants blanchissent le papier, faut-il le rappeler, avec du chlore ou de l'oxygène.

Certains pasteurs ont tenu à prêcher la bonne couleur lorsque le papier coloré à fait son apparition aux Pays-Bas. Ils ont profité du culte pour sermonner leurs ouailles qui auraient pu se laisser tenter par le chatoiement des colorants impurs. Expression d'une rigueur toute protestante. D'ailleurs, il est prouvé que les pratiquants et les croyants consomment moins de papier que les autres.

Pourquoi la France s'est-elle arrêtée au rose alors que tous les pays européens ne jurent que par le blanc? Dieu seul le sait ! Mais, parfois, les consommateurs français se plaignent de ne pas trouver dans les rayons de papier virginal. Et il arrive aux fabricants de recevoir des lettres, en forme de doléances, dont voici quelques extraits édifiants : « Que diable, écrit Raymonde G., vous qui lancez un nouveau produit, nous étions en droit d'espérer du blanc. Nous, les anciens, nous n'aimons pas les verts, bleus, parmes et autres couleurs... Si votre marque propose, un jour, toute une fourniture en blanc, j'en ferai provision et, croyez-moi, je ne serai pas toute seule. »

Monique B. renchérit : « Je viens d'utiliser votre nouveau papier. Je le trouve très bien par rapport à beaucoup d'autres, car il est beaucoup plus doux, il en faut moins et, en plus, il est élastique et solide. Que demander de plus me direz-vous? Le reproche, c'est la couleur... Je ne dis pas que l'orange et le rose sont vilains, mais j'ai lu il y a longtemps que : 1°/ les colorants, pour ce service, pouvaient être cancérigènes. 2°/ les couleurs ne cadrent pas forcément avec celle des lieux. 3°/ il y a une troisième raison qui fait que je recherche toujours le blanc, qui se marie avec tout et n'est pas triste, c'est que certaines personnes ont à " surveiller " leur passage... sur le Trône (où personne ne peut aller à votre place!). Les personnes plus âgées (ou jeunes car, hélas, il paraît que cela arrive) doivent vérifier si aucune perte de sang ne se présente et c'est toujours très difficile sur le rose en particulier. Il faut penser à tout! je ne sais pas si vous avez la possibilité de fournir du papier blanc mais je ne vous serai fidèle qu'à cette condition... » Voilà les réflexions qu'inspirent ces feuilles de toutes les couleurs qui vivent dans nos cabinets.

Les fabricants affirment que le papier de l'an 2000 sera encore plus doux et plus sophistiqué, sûrement décoré comme celui qu'affectionnent les Belges, et peut-être à nos initiales sur commande spéciale pour les plus fortunés d'entre nous.

En 1901, un fonctionnaire trop zélé avait cru bon d'honorer le tsar de Russie, en visite à Compiègne, jusque dans le lieu où le roi va seul. Il lui fit fabriquer du papier à ses armes impériales, ce que sa majesté prit fort mal. On frôla le scandale.

Le roi Louis XI achetait de l'étoupe de lin, l'ancêtre direct du papier hygiénique dans les classes supérieures, comme le prouvent les nombreuses commandes dans les comptes des rois de France au Moyen Age. Tous les tissus font l'affaire à en juger par le rondeau d'un poète érotique de 1544 du nom d'Eustorg de Beaulieu.

« Du velours vaut mieux que du satin
Pour torcher son cul au matin
Ou au soir quand on va coucher
Toutefois il est un peu cher
Mais c'est tout un mais qu'il soit fin
Taffetas simple, ou armoysin,
Damas, camelot, chanvre ou lin
N'approchent pour un cul moucher
Du velours. »

Le coton aussi est mis à contribution. Les valets de chambre qui s'occupaient des chaises percées des rois s'appelaient des « chevaliers-porte-coton ». On se demande encore aujourd'hui jusqu'où allait exactement l'étendue et la précision de leur fonction!

Gargantua, lui, préfère « un oiseau bien duveté le plus seigneurial, le plus excellent, le plus expédient qui jamais fut vu... » Et pourtant, Rabelais n'escamote pas les comparaisons: « Puis je me torchai d'une poule, d'un coq, d'un poulet, de la peau d'un veau, d'un lièvre, d'un pigeon, d'un cormoran, d'un sac d'avocat, d'un capuchon, d'une coiffe, d'un leurre. Mais, concluant, je dis et je maintiens qu'il n'y a tel torche-cul que d'un oiseau bien duveté, pourvu qu'on lui tienne la tête entre les jambes. Et vous m'en croyez sur mon honneur. Car vous sentez au trou du cul une volupté mirifique, tant par la douceur d'icelui duvet que par la chaleur tempérée de l'oison, laquelle facilement est communiquée au boyau culier et autres intestins, jusqu'à venir à la région du cœur et du cerveau... »

Comme le papier tout court, l'imprimerie, la boussole et la poudre à canon, font partie des inventions chinoises qui ont contribué à construire l'Occident moderne, certains attribuent également aux chinois, la paternité du P.Q. que Marco Polo aurait rapporté dans ses bagages.

En fait, il faudra attendre 1857 pour qu'un Américain du nom de Joseph Cayetty l'invente aux États-Unis. Longtemps considéré comme un suprême raffinement et un luxe inouï, il n'entrera dans les mœurs, en France, que beaucoup plus tard, à la fin du siècle dernier. Difficile de dater son apparition exacte. Les ouvrages de référence sur le papier ne s'y intéressent guère.

Inquiets de la pénurie du bois et du chiffon, les spécialistes chercheront même par tous les moyens à se servir des excréments eux-mêmes pour remplacer les matériaux de base. Dans l'entre-deux-guerres, certains affirment que le crottin de cheval pourrait très bien faire l'affaire : si on les écoutait, on pourrait ainsi obtenir avec le crottin d'un régiment de cavalerie, le papier en tout genre nécessaire au bon fonctionnement de ce dit régiment.

Avant-guerre, il s'avère économique d'acheter des journaux qui ont un double usage. On les lit et on se « torche » avec. « L'autre jour aux cabinets, écrit par exemple Raymond Queneau dans *Loin de Rueil*, j'ai trouvé un bout de gazette. » *Le Chasseur français* remplit bien ses deux offices. Une fois pliées en deux, les feuilles présentent alors la mesure idéale. On les accroche à un piton enfoncé dans le mur. Dans les milieux catholiques, en Bretagne notamment, on se sert de *la Croix*, mais les fidèles prennent bien soin d'enlever le grand calvaire qui se trouve à la Une, « des fois qu'on s'essuierait avec », comme le raconte Hervé Bazin dans *Vipère au poing*. Les enfants de Folcoche ont tenté de l'empoisonner en lui faisant avaler de la belladone. Hélas cette horrible mégère s'en tire avec une mémorable colique : « Frédie, envoyé en exploration, découvrit que le papier de soie réservé à notre mère avait considérablement diminué. (Nous n'avions droit, nous, qu'au papier journal fourni par *la Croix*, après que Fine eut découpé aux ciseaux le coin gauche de ce pieux quotidien, où est imprimé la désolante image du calvaire. On ne peut décemment se torcher avec un tel emblème.)

Aujourd'hui, vous pouvez toujours perpétuer cette tradition en cas de rupture de stock. Mais faites une étude comparative avant... Préférez *le Monde* à *Libération* (il noircit les fesses), et bien sûr, évitez le papier glacé...

« Torche-cul », l'expression est volontiers utilisée pour qualifier un article de presse, une critique ou tout autre écrit inqualifiable. Michel Simon à qui l'on demandait un jour ce qu'il pensait des scénarios qu'on lui envoyait, répondit : « Je préférerais qu'ils soient écrits sur du papier chiottes, au moins ils serviraient à quelque chose. » De son côté, Sacha Guitry envoya un jour à un critique qui l'avait éreinté le mot suivant : « Cher ami, je vous ai lu d'un derrière distrait. » Provocation également de la part d'Isabelle Adjani dans *l'Été meurtrier* lorsqu'elle passe et repasse devant ses soupirants, le P.Q. à la main.

Plus poétique, le jeune Nestor du *Roi des Aulnes* de Michel Tournier, nous apprend la valeur d'un torche-cul. Nestor se dispensait de lever deux doigts en V comme devaient le faire les autres élèves de la classe pour se rendre aux latrines. Surtout, il s'approchait calmement de la caisse peinte en noir qui servait de corbeille à papiers et dans laquelle les enfants piochaient. Nestor, lui, prenait le temps d'examiner les papiers de la caisse « allant jusqu'à les lire ». Un jour d'ailleurs, le narrateur qui l'accompagne découvrira avec épouvante que les trois feuillets prêts à être mis en boule ne sont autres que « le sermon du père supérieur rédigé de sa propre main ».

« Les grosses pattes de Nestor, ajoute-t-il, se refermèrent sur le manuscrit et le pétrirent longuement pour en attendrir le glacé. Puis il me le remit et, les mains appuyées sur la lunette du trône, il attendit que j'accomplisse mon office. »

Louis-Ferdinand Céline dans *Voyage au bout de la nuit* montre que l'on peut en faire une question de culture : « Pour un Espagnol colonisateur il était même étrangement africanophobe, à ce point qu'il refusait de se servir aux cabinets, quand il y allait, de feuilles de bananiers et qu'il tenait à sa disposition, découpée pour cet usage, toute une pile du *Corriere della Sera*, exprès. »

Le recours au papier journal, c'est également ce que

préconise l'armée aux soldats tchécoslovaques. La pénurie qui sévit dans le pays depuis plusieurs années ne sera pas résolue avant fin 1991. Le quotidien *Lidova demokracie*, à plusieurs reprises dans ses colonnes a qualifié la situation de dramatique. Elle a pendant longtemps incité les résidents étrangers de Prague à s'en procurer en Allemagne de l'Ouest ou en Autriche. Il en manque environ cinq mille tonnes par an. La demande dépasse toujours l'offre dans les pays de l'est.

Aujourd'hui le papier hygiénique n'en est encore qu'à ses balbutiements, puisqu'un tiers seulement de l'univers en consomme.

On se lave dans les pays de religion musulmane et hindoue avec une douchette, de l'eau contenue dans un broc, une boîte de conserve ou un bidet.

Sa première nuit dans la Cité de la Joie, Dominique Lapierre l'a passée dans la chambre du père Lambert, le héros de son livre : une pièce de deux mètres carrés, sans porte ni fenêtre, peuplée de rats et de scolopandres. C'est là qu'il vit toute l'année. Peu habitué à autant d'inconfort et autant de vermines, l'auteur mit un temps fou qui lui sembla une éternité à s'endormir. Mais, brutalement, en plein sommeil, il fut réveillé par une bourrade de coups de poing accompagnés de ces mots :

– Dominique, levez-vous, il faut aller aux latrines, il est 3 heures.

C'est obligatoire d'y aller tout de suite, pourquoi?

– Parce qu'il n'y a qu'une latrine pour 3 000 habitants, Dominique. Si on ne commence pas à faire la queue maintenant, on ne s'en sortira pas. Il faudra attendre ensuite pendant au moins 3 ou 4 heures dans la file.

Tous les deux se sont habillés à la hâte pour rejoindre ceux qui attendaient déjà patiemment devant cette unique latrine : une espèce d'édicule au milieu de ce bidonville de la Cité de la Joie, qui abrite 75 000 personnes sur une surface à peine plus grande que trois terrains de football.

Dans la queue, quelqu'un a remarqué que Dominique Lapierre portait quelque chose de bizarre dans la main, un rouleau de papier : « Les éclats de rire ont commencé à se répandre et ils m'ont expliqué par geste, qu'il ne fallait jamais se servir de cela en Inde. Pensez ! Est-ce que quelqu'un aurait l'idée de se moucher dans un mouchoir et recueillir ainsi ses pollutions ?

C'est dans cette file, au petit matin, que l'on a fait mon éducation. Un petit garçon s'est absenté pour aller chercher une boîte de conserve pleine d'eau qu'il m'a donnée. J'ai appris qu'il fallait la tenir dans la main droite, elle sert à se nourrir et ne doit pas être souillée, et me laver avec la gauche ».

Dans les pays en voie de développement, on s'essuie aussi avec les moyens du bord. Les Malgaches se servent de pierres. Un architecte français l'a appris à ses dépens et il a fallu détruire les sanitaires de l'hôpital qu'il avait construits dans l'île. La dame-pipi de l'aéroport de Tananarive, vend la feuille à l'unité.

Faute de papier, l'imagination est au pouvoir dans ces pays dépourvus. Chez nous, l'imagination pénètre à son tour le monde des sanitaires et de ses accessoires. Accrochés au mur ou posés par terre, les dévidoirs revêtent toutes sortes de formes, mais seul un foyer français sur deux en est pourvu. Ils peuvent devenir radio, comme celui de Gonzague Saint-Bris, ou téléphone, ou les deux à la fois. Inès de la Fressange n'aime pas ce qu'elle appelle les distributeurs : « Je mets mon papier dans un joli panier, c'est tout de même mieux, non ? »

Mais curieusement le papier et l'objet n'ont inspiré que quelques artistes seulement. Le sculpteur Alexander Calder a créé des dévidoirs. Daniel Marchesseau, dans *Calder intime* explique que n'importe quelle ferraille trouve chez lui son emploi et devient prétexte à invention ou à gag : « Est-ce une réminiscence de l'" Ash-Can School ", École de la Poubelle (textuellement École de la boîte à ordures) du début du siècle, il trouve toujours aux choses les plus invraisemblables la destination la plus déconcertante, la plus saugrenue. » Entre 1945 et 1955, Alexander Calder invente des modèles de dévidoir en forme de main en métal peint. Le majeur est abaissé jusqu'à former un angle de 90° pour supporter le rouleau. L'objet repose sur un socle ou à même le sol.

Radjar Coll-Part, lui, est un jeune créateur de meubles détonnants et délirants. Il se sert d'objets détournés de leur fonction première comme matériaux. Ainsi, les rouleaux de papier l'inspirent pour réaliser les pieds d'un bureau intitulé « Bureau du secrétaire d'État aux Cataclysmes naturels et aux Risques majeurs ». Faut-il vous expliquer de quels cataclysmes naturels et de quels risques majeurs il s'agit? Les titres et les textes délirants qui accompagnent ses œuvres revêtent presque autant d'importance qu'elles. Chaque pied se compose de sept rouleaux qui supportent sans vaciller une surface de carreaux blancs édentés...

Autres pays, autres mœurs. Alors que le papier toilette est encore plus tabou en Amérique du Sud que chez nous, on s'en sert là-bas pour célébrer la fête du football. Un peu comme d'immenses drapeaux, les spectateurs du stade River Plate de Buenos Aires ou de Maracana de Riv, le plus grand du monde, déroulent des rouleaux de toutes les couleurs pour saluer un but, ou la fin d'une rencontre. En France, les supporters du K.O.P. de Boulogne aiment les imiter.

Dans *le Complexe d'Icare*, Erica Jong nous offre, elle, un petit tour d'horizon des différents P.Q. Celui des Britanniques? « Glacé, dit-elle, se refuse à absorber, à mollir ou à ployer. » En Allemagne, il signe les « différences de classe. Dans les trains, en troisième : papier brun grossier. En première : papier blanc, dénommé *Spezial Krepps.* » Quant à l'Italie, elle nous fournit, fidèle à sa réputation, la lecture en prime, des bouts du *Corriere della Sera.*

Reste que le P.Q., si l'on en croit Michel Vinaver, écrivain mais aussi cadre supérieur dans une entreprise de produits de grande consommation, est à lui seul tout un symbole : celui de la société consumériste. Sa pièce *Par-dessus bord* présente la « lutte implacable » entre le bulle corde et la ouate de cellulose, entre deux fabricants de papier hygiénique, une puissante société américaine et une entreprise familiale française, Ravoire et Delaze.

Pour éviter la faillite, Fernand Delaze lance l'offensive Bleu-Blanc-Rouge, « un papier sonnant haut et clair à nos oreilles françaises ». Le fiasco !

En fait, *Par-dessus bord* ne décrit pas tant un match entre deux fabricants de P.Q. que tout l'univers du marketing, de la création artistique, le choc des cultures, bref, nous dit-on, la « dualité barbarie-civilisation qui est la figure première de notre société ».

Le P.Q. comme instrument politique ! C'est ce que préconise une société américaine de l'Illinois, assaillie de commandes de papier toilette à l'effigie de Saddam Hussein. 200 000 rouleaux ont déjà été vendus à raison de quatre rouleaux pour 20 dollars. Les acheteurs sont souvent des gens dont les membres de la famille ont été envoyés dans le Golfe, et des militaires.

Lorsqu'on demande à l'un des principaux distributeurs s'il ne craint pas d'alimenter le sentiment anti-arabe dont sont victimes les ressortissants irakiens aux États-Unis, celui-ci affirme que ce produit « n'est rien comparé aux caricatures imprimées dans la presse ». Décidément journaux et P.Q. ont plus d'un point commun !

X

La clé du pouvoir

> « Voici qui le peint : aux cabinets, ce petit saligaud s'installe de travers et pousse sa crotte de côté, par crainte des éclaboussures. »
>
> André Gide

A l'âge de cinq ans et demi, mes parents m'ont envoyée pour la première fois en colonie de vacances dans le Jura. Nous habitions en Tunisie, et c'était un grand et long voyage. La traversée en bateau qui durait quarante-huit heures, le car ensuite, un nouveau pays, le mien mais que je ne connaissais pas, la séparation... Le seul souvenir que j'en garde, ou presque, est lié au lieu maudit avec deux découvertes qui m'ont semblé d'une importance capitale.

Cet été-là, j'ai découvert qu'il existait des W.-C. à la turque (j'étais alors trop petite pour soupçonner leur existence) et que certaines personnes ne concevaient pas de partager leur cabinet : les monitrices avaient le leur, fermé à clef, avec cuvette anglaise naturellement. Elles avaient de quoi poser leurs fesses, elles ! Je découvrais que ce lieu pouvait bénéficier d'un traitement différent selon ses occupants. Cela ne m'apparaissait pas comme un détail et m'ouvrait des horizons nouveaux et insoupçonnés sur la condition humaine, la vie, la mort, et l'amour.

De cet été-là est née la conviction que l'endroit n'était pas anodin. Il méritait que l'on s'y intéresse de près. Bien sûr, je n'ai eu de cesse d'obtenir la clef en me servant d'un alibi imparable: mettre un terme à une constipation tenace qui faisait, en revanche, de ma part, l'objet d'une « diarrhée verbale » constante auprès de la directrice et des monitrices de la colonie de vacances... Excédées, elles durent céder. Aujourd'hui, j'ai beau tourner et retourner mes souvenirs dans ma tête, il m'est impossible de me rappeler si j'ai partagé ce privilège extrême avec d'autres, mais à partir de ce moment-là, je sais que « le monde m'a appartenu ».

Trente-trois ans après ce fait divers que la presse n'a pas relaté, les lieux ne sont toujours pas la chose la mieux partagée au monde. C'est là que certains expriment leur refus de se « frotter » aux autres, forcément moins beaux, moins intelligents et moins sains qu'eux et se comportent en « narcissiques-racistes » qui s'ignorent. Ceux-là acceptent de s'asseoir à la même table que d'autres personnes même s'ils les jugent inférieures, mais ils ne partageront leurs petits coins qu'avec les grands. Comme si poser ses fesses sur le même siège engendrait obligatoirement une perte de pouvoir et une déchéance et qu'à l'exemple des esprits il y avait des fesses inférieures et des fesses supérieures!

Tout dans cet espace, pourtant restreint, tourne autour du pouvoir. Du pouvoir que l'on a sur soi et par extension du pouvoir que l'on a sur l'autre, de la tendance que l'on a à vouloir se maîtriser et par extension à vouloir maîtriser l'autre. Par analogie symbolique, on en arrive à « trôner » sur les W.-C., l'expression s'emploie couramment et certains fabricants comme Herbeau proposent de véritables trônes aménagés en orme massif... N'est pas roi qui veut!

« Personnellement, je me suis arrêté sur la consolidation narcissique que la présence d'une porte et d'une targette peut procurer, raconte François Lévy, psychiatre-psychanalyste. C'est en 1968, que mon ami, le Docteur Jacques Hochmann, exigea de l'administration hospitalière lyonnaise, la mise en place de targettes dans les W.-C. J'en rajoutais en demandant que l'on supprime les portes « western » qui laissent entrevoir les chevilles et la tête. Nous fûmes entendus, fait assez rare dans un hôpital psychiatrique. Il demeure cependant une séparation entre les W.-C. réservés au personnel soignant et ceux octroyés aux malades. C'est un peu comme à l'armée où l'on trouve des W.-C. différents pour les officiers et les hommes de troupe. En allemand, *besetzen* (occuper) et *besitzen* (posséder) sont suffisamment proches sur un plan linguistique pour qu'il y ait lieu de se demander si celui qui affiche « occupé » à l'extérieur des W.-C. selon un certain mode ne le possède pas. »

Nul besoin de se rendre en Afrique du Sud pour saisir l'importance de cet apartheid fondamental qui suffit à lui seul à expliquer l'organisation d'une société très hiérarchisée, comme peut l'être une maison de haute couture par exemple.

Dans les années soixante-dix, dans ses locaux de la rue du Faubourg-Saint-Honoré, Mme Lanvin disposait de son propre lieu fermé à clef, à quelques mètres seulement de son bureau. Personne n'a jamais osé violer le sanctuaire. Pour plus de sécurité, ou pour pouvoir peut-être aussi accuser quelqu'un d'autre qu'elle, en cas de perte ou de vol, elle en confiait parfois la clef, à la directrice financière, gardienne de la bonne santé de l'entreprise et de ses valeurs fondamentales. Comme si, également, elle décidait à un moment précis, qui ne dépendait que d'elle, de lui témoigner une marque de confiance, prête à lui concéder une fraction de son pouvoir.

Les années ont passé mais la tradition s'est perpétuée.

Chez Dior, avenue Montaigne, Bernard Arnault, l'actuel président-directeur général possède toujours ses propres « petits endroits ». L'ancien créateur, Marc Bohan, a eu les siens également « en main propre », si l'on peut dire, durant son règne.

Cette ségrégation s'attache à d'autres classes sociales que le haut de la hiérarchie. Dans certaines maisons, les femmes chefs d'atelier ne partagent toujours pas leurs lieux avec les petites mains, les cousettes, qu'elles ont sous leur coupe. Et ce n'est pas tout. Il est interdit au personnel de se servir des W.-C. réservés aux clientes. Pas question de mélanger les torchons et les serviettes! Là c'est du pouvoir de l'argent qu'il s'agit, pouvoir de celui qui achète sur celui qui vend. Dans ces cabinets très luxueux, on retrouve tout l'univers raffiné, parfumé et « griffé » de la maison de couture, à l'image de la mise en scène que les femmes bien nées viennent chercher en achetant fort cher des parures. Là aussi, le rêve doit se manifester.

Mais quittons les « toilettes » de la haute couture pour les « cabinets » ministériels. Dans les hautes sphères du pouvoir, par définition, on ne le partage pas, même sous un régime de gauche. Un ministre en particulier et un homme politique en général ne peuvent se passer de cabinet. Sans lui, ils seraient ici bas bien peu de chose... Qui leur aménage leur emploi du temps, leur rédige leurs discours? Étudie les dossiers et les représente au pied levé? Les membres de leur cabinet... On comprend aisément dans ce cas, qu'ils veuillent en avoir l'exclusivité.

Yvette Roudy, l'ancien secrétaire d'État à la condition féminine va même jusqu'à affirmer qu'un W.-C. personnel fait partie des éléments privés indispensables à la vie publique. Quand elle est arrivée à la mairie de Lisieux, il n'en existait qu'un au premier étage de l'Hôtel de ville. Madame le maire en a fait installer un second pour elle seule.

Elle a également troqué la vieille CX de son prédécesseur pour une R 25 plus jeune et échangé le mobilier de son bureau pour des meubles plus fonctionnels et dignes, selon elle, d'un P.-D.G. d'une entreprise de la taille de sa ville normande. Mais lorsqu'un élu de l'opposition demanda au cours d'un conseil municipal combien avaient coûté les travaux entrepris par le nouveau maire, personne ne s'y est trompé. Ce qu'il mettait en cause essentiellement, c'était l'installation du cabinet particulier !

Pour Yvette Roudy, il aurait été inconcevable de « faire » autrement car une personnalité publique est constamment sollicitée. Elle ne passe pas dans un couloir et ne se rend pas aux toilettes de façon anonyme : « Si d'aventure, vous êtes obligé de sortir de votre bureau pour le moindre déplacement, de faire quelques mètres ou, pis encore, d'avoir à descendre un ou plusieurs étages, vous êtes immédiatement assailli de questions et, pendant ce temps, vous n'arrêtez pas le chronomètre. L'heure tourne. »

« Il est plus facile de créer des cabinets ministériels que des chiottes », s'amuse à souligner André Fanton. L'ancien ministre de Georges Pompidou et actuel député du Calvados se souvient du casse-tête chinois qu'il fallait résoudre lorsque l'on attribuait plusieurs secrétaires d'État à un ministère. La difficulté ne résidait pas tant dans le choix des hommes dont le ministre devait s'entourer que dans celui des bureaux à leur affecter sachant qu'un W.-C. doit forcément jouxter la pièce qu'on leur destine.

Les chiottes, premier syndrome du pouvoir, revenons-y avec l'exemple de ce psychanalyste suisse, responsable d'un établissement hospitalier, qui possédait également son propre W.-C. fermé à clef, tout psychanalyste qu'il était. Après une année sabbatique aux États-Unis, il ne l'a jamais reprise. Son voyage outre-

Atlantique l'avait rendu plus démocrate! Mis à nu, il avait éprouvé une sorte de gêne honteuse en s'apercevant qu'au pays du capitalisme, encore plus qu'en France, on détient le pouvoir au sein d'une entreprise en même temps que la clef des chiottes. Il se trouvait face à sa propre caricature!

Un sujet qu'exploite d'ailleurs le film américain *la Garçonnière*, avec Jack Lemmon. Employé dans une grande entreprise, il prête son appartement à ses patrons afin qu'ils y rencontrent leurs maîtresses en toute tranquillité. Pour le remercier du service rendu et s'assurer qu'il ne vendra pas la mèche aux épouses, les intéressés l'achètent en lui faisant gravir les échelons de la hiérarchie jusqu'à la récompense suprême, la remise de l'insigne distinctif, la clef des W.-C. privés que seuls les « big boss » détiennent.

Dans toutes les structures figées sur le plan hiérarchique, le contrôle des lieux, telle une citadelle imprenable, signe la répartition du pouvoir. Qu'il s'agisse de l'univers carcéral (prison, armée, hôpital, école), du monde politique ou des entreprises traditionalistes, les clivages d'autorité passent aussi par là.

Réminiscence tenace de la puissance que l'on acquière enfant, assis sur son pot. Car, on ne le répétera jamais assez avec Freud, « la défécation fournit à l'enfant la première occasion de décider entre l'attitude narcissique et l'attitude d'amour d'objet. Ou bien il cède docilement l'excrément, il le " sacrifie " à l'amour ou bien il le retient pour la satisfaction auto-érotique et, plus tard, pour l'affirmation de sa propre volonté. » Une puissance sexuelle anale qu'il transforme plus tard en une puissance sexuelle génitale. C'est dire l'importance pour l'avenir de l'éducation en ce lieu. Encore une fois, si elle s'avère trop rigide, l'enfant vivra de façon négative tout ce qui touche de près ou de loin à ce lieu d'évacuation. Il deviendra renfermé et agressif. Adulte, il se sentira toujours à l'étroit en société. Il aura du mal à s'affirmer.

Tout ce qui a trait à la défécation représente un tel investissement de soi, que, de tous les lieux d'intimité, les W.-C. sont ceux qui peuvent susciter les fantasmes les plus fous. Pouvoir de l'imagination qui crée la situation où le sujet présent peut accomplir l'un de ses désirs en le déformant plus ou moins : fantasme de persécution qui va de pair avec celui de la mégalomanie puisqu'ici nous abandonnons une partie de notre identité. Un monstre, un serpent, un oiseau, ou d'autres animaux remontent de la cuvette et entrent dans l'anus pour emporter quelque chose de nous-même, à l'image du mythe de Prométhée et de l'aigle qui lui dévorait le foie de son bec crochu. Patient de Freud, *l'Homme aux rats* raconte son rêve d'un supplice qui consiste à faire entrer des rats dans l'anus. En le décrivant, il éprouve le plus grand mal à lâcher le terme autour duquel s'organise cette torture. Freud le fait pour lui : « Anus, me suis-je permis de compléter. »

Les W.-C. sont générateurs d'angoisse ou – au choix – d'inspiration dans la mesure où ils impliquent un montage du type fonctionnel « un trou sur un trou ». Ce lieu est à ce point symbolisé par le trou que l'on se sert parfois de ce mot pour le nommer, comme René Belletto dans son langage peu châtié lorsqu'il parle du « trou du cul du monde ». « Un trou, explique le psychanalyste Jean-Jacques Ritz, est une ouverture sur l'inconnu, qui cache un lien avec quelque chose d'autre, de l'eau par exemple. Quelque chose de soi, de vivant ou de mort, on ne sait pas trop, va partir... En cela, la valeur symbolique du cabinet est beaucoup plus riche que celle du pot qui n'a pas de fond. » Le pot est sourd. Ne dit-on pas de quelqu'un qui ne veut rien se laisser conter, qu'il est sourd comme un pot?

Le lieu étant clos, il favorise chez d'autres le voyeurisme, déviation sexuelle dans laquelle le plaisir est obtenu par le pouvoir d'assister de façon dérobée à des scènes érotiques. Chuck Berry a-t-il été l'un de ces voyeurs de cabinets? La justice américaine n'a jamais pu trancher. Toujours est-il qu'un jour, après avoir rendu son tablier, la cuisinière du restaurant que le chanteur possédait dans le Missouri porta plainte contre lui. Elle affirmait que le créateur de Johnny B. Good avait filmé ses clientes à leur insu, avec une caméra dissimulée dans les toilettes pour dames de l'établissement. En revanche, le tribunal de Draguignan condamna, il y a deux ans, à quinze mois de prison ferme le voyeur de l'autoroute. Djamal Ben Sala avait placé une caméra vidéo dans le cabinet d'une aire de repos près de la ville. Il l'avait reliée à la minuterie et pris l'habitude de s'installer dans celui d'à côté pour vivre ses émotions et ses plaisirs en direct. Malheureusement pour lui, le jour arriva où la femme d'un gendarme, sans doute rompue aux techniques de l'enquête, s'inquiéta du déclic qu'elle entendit et l'on découvrit le pot aux roses.

Autre démonstration de voyeurisme dans *Histoire d'O.* Devant son amant, O est priée d'adopter une drôle de posture au-dessus d'un siège à la turque entouré de parois tapissées de miroirs : « André et Jeanne ne laissèrent O pénétrer que quand elle fut nue (...) si bien que lorsqu'elle dut s'accroupir sur le socle de porcelaine, elle se trouva, au milieu de tant de reflets, aussi exposée que dans la bibliothèque... » Les voyeurs apprécieront!

Hormis fantasmes et voyeurisme, les hommes adoptent dans les cabinets des comportements qui, chacun à leur façon, les positionnent en fonction du pouvoir. Ne croyez pas qu'ils soient exagérés. Ceux que définit le docteur Gilliéron, psychiatre de Lausanne, ne sont ni effet de style ni caricature : le comportement du timide, de l'avare, de l'anxieux et de l'extraverti qu'il décrit dans *Émois* représentent des cas cliniques observés dans la polyclinique où il exerce.

« Le timide : il souffre, mais il attend patiemment que

les lieux soient déserts, puis, après un dernier regard panoramique pour surprendre d'éventuels curieux, il entre dans le local maudit, s'enferme à double tour, soupire de soulagement : enfin seul. Mais déjà, il s'inquiète : a-t-il pris assez de précautions ? Il se déshabille en silence et retenant son souffle, il s'adonne enfin à cette inavouable activité. Tout étant accompli, il nettoie, aère, s'assure de n'avoir laissé aucune trace et s'enfuit.

L'extraverti : il est fier de son fonctionnement, il l'assume, il l'exhibe, il clame à la ronde qu'il s'en va... Il commence à se déboutonner en public, s'éloigne d'un pas décidé, « oublie » de fermer la porte et, par ses bruits, n'autorise personne à ignorer ce qui l'occupe. Au retour, il décrit en détail la forme, la consistance, le volume de son produit : c'est le signe de sa puissance.

L'anxieux : il redoute les promenades ; s'il ressentait un pressant « besoin » et qu'il n'y eût pas de toilettes dans les environs, quelle catastrophe ! Il ne se déplace donc qu'en voiture, pour être certain de rentrer à temps chez lui en cas de nécessité. S'il est malgré tout contraint d'aller à pied, il ne le fera qu'après s'être assuré que la route est bornée de nombreux édicules publics. Pourtant, il préfère éviter ce calvaire, car il est possible que la pissotière soit occupée, justement lorsqu'il en éprouverait le besoin... » A l'extérieur de chez lui, ajoutons que l'anxieux vérifie toujours avant de s'asseoir que le dévidoir est bien pourvu de papier hygiénique. Pour parer à toute éventualité, il préfère ne jamais se déplacer sans en avoir glissée auparavant dans l'une de ses poches. Il a vu sa maman agir ainsi.

« L'avare : les cuvettes de W.-C. sont sa terreur. Courir le risque de perdre une si précieuse matière, c'est inadmissible. Mais il a trouvé la solution : il étale une feuille de papier journal sur le sol des toilettes, y dépose sa crotte qu'il emballe soigneusement. Muni de son original colis, il saute sur sa motocyclette pour aller en enterrer le contenu dans le jardin qu'il cultive à la campagne... ainsi tout ne sera pas perdu, les salades en profiteront... Chaque jour, le rituel se répète. »

L'avare prend grand soin également d'installer le rouleau de papier hygiénique face au mur, tel un frein, au lieu de laisser les feuilles aller à vau-l'eau. La constipation lui sert de compagne puisqu'elle lui évite d'avoir à se séparer de sa matière si précieuse et de se rendre trop souvent dans l'endroit qui le terrorise. Mais sait-on que 70 % des constipés sont des femmes. Les facteurs psychosomatiques qui poussent à ne pas se laisser aller dans ce lieu seraient-ils sexistes? Par définition, les femmes aiment et savent garder en elles les choses plus longtemps, ne serait-ce que porter un enfant pendant neuf mois. N'ayant pas de pénis, on pourrait imaginer qu'elles éprouvent aussi de la difficulté à se séparer de ce « phallus fécal ». Ou l'on retombe encore sur la crainte de la perte du pouvoir.

Comme si elles n'osaient pas se l'avouer, très peu d'entre elles confient leur problème à leur médecin qui pour les interroger doit prendre des gants. « Il ne faut jamais demander à brûle-pourpoint à une femme qui vient consulter si elle est constipée, précise le docteur Marie-Laure Trémeau, mais il faut l'interroger en lui posant la question de façon indirecte: est-ce que, comme toutes les femmes, vous êtes constipée? » Dans ce cas seulement, on peut espérer la bonne réponse, autrement c'est le mutisme le plus complet. Et c'est seulement entre amis, en famille ou dans l'alcôve que ce débat de fond prend toute son ampleur. Michel Tournier, dans *le Roi des Aulnes* voit dans la constipation une source majeure de morosité: « Comme je comprends le Grand Siècle avec sa manie de clystères et de purges! Ce dont l'homme prend le plus mal son parti, c'est d'être un sac d'excréments à deux pattes. A cela, seule une défécation heureuse, abondante et régulière pourrait remédier, mais combien chichement cette faveur nous est concédée ! »

Dans ces conditions, on comprend que la seule consolation de l'auteur soit d'ordre fécal : « Je fais inopinément et sans la moindre bavure un étron superbe, si long qu'il faut qu'il s'incurve à ses extrémités pour tenir dans la cuvette. »

Chez l'enfant, la constipation correspond au pouvoir de se faire plaisir, car elle excite une zone érogène. « L'éducateur, dit Freud, ne se trompe pas lorsqu'il appelle les enfants qui se retiennent des petits polissons. » Ils « retiennent leurs matières fécales, jusqu'à ce que l'accumulation de ces matières produise des contractions musculaires violentes, et que, passant par le sphincter anal, elles provoquent sur la muqueuse une vive excitation ».

Décidément ce lieu s'avère être celui de la jouissance où les adultes vivront leurs propres étrons avec plus ou moins de goût, de dégoût et d'affectivité. C'est le cas de Mylène Demongeot qui s'exclame : « C'est un lieu exquis et d'autant plus exquis que l'on y délivre quelque chose de bien formé. »

Aux portraits déjà définis, n'oublions pas celui de l'amoureux : fraîchement éperdu, en présence de l'être aimé, il retardera le plus possible le moment où contraint et forcé, il se trouvera dans l'obligation de s'y rendre. Il essaiera de se contenter d'amour et d'eau fraîche, du moins les premiers jours et fera de son mieux pour paraître désincarné. Il évitera de se bâfrer et de boire. Terrorisé, il usera de tous les prétextes pour éloigner l'autre, pour agir furtivement, ni vu ni connu. Il se cachera en sortant de l'endroit maudit et s'efforcera de n'y faire aucun bruit...

Traumatisé pour le restant de ces jours, Hilton McConnico, l'homme des décors de *la Lune dans le caniveau* de Jean-Jacques Benneix et des *Cactus* de

Daum, encore aujourd'hui, s'y montre aussi silencieux que dans un film muet. Le jeu consiste donc à viser la porcelaine pour amortir le son. Jeune homme, à Memphis (Tennessee), il rendait visite à une très jolie jeune fille de bonne famille qui débutait sa vie mondaine et qu'il courtisait. Pris d'une envie soudaine, il demanda fort poliment à s'absenter. Mais lorsqu'il revint, elle l'accueillit froidement par ces mots : « Un vrai gentleman ne doit jamais faire de bruit lorsqu'il s'épanche à proximité d'une femme. » A croire qu'un manuel de savoir-vivre lui avait enseigné cet aspect fondamental de la bienséance ou qu'elle avait déjà quelque expérience de ladite chose!

La jeune romancière Calixthe Béyala, elle, se souvient très bien d'une réflexion de l'un de ses amants la voyant se diriger vers le lieu du cataclysme. Littéralement bouleversé, il l'a instamment priée de ne jamais recommencer ce crime de lèse majesté. Il ne supportait pas l'idée que l'objet de sa vénération puisse être soumis à des contingences physiologiques. Il faut dire que cette belle et jeune déesse africaine a de quoi faire tourner la tête et les sens! Elle l'a moins aimé après cette scène et a travesti ce souvenir autobiographique dans l'un de ses romans : le jour de son mariage, une jeune femme qui n'aime pas son futur mari l'aperçoit en train de se diriger vers un W.-C. pour aller y déféquer. Dégoûtée, elle prend la décision de le quitter...

Ainsi, ce lieu occupera une place à part dans le romantisme amoureux où les êtres dissimulent tout ce qui peut les avilir aux yeux de l'autre. L'expression vivre d'amour et d'eau fraîche souligne bien le caractère désincarné de l'amour qui se veut absolu : l'aimé ne doit pas manger ni chier par voie de conséquence. Celui qui aime porte l'objet de son amour sur un piédestal d'où il exerce son pouvoir amoureux. L'en descendre pour l'installer sur une cuvette, c'est le rabaisser à la hauteur des autres, et le condamner à être ramené au plus petit dénominateur commun.

Dans *Belle du Seigneur* d'Albert Cohen, qui est le parangon du cheminement amoureux, les W.-C. sont là pour rappeler la condition trop humaine de l'être aimé désacralisé par ses gargouillis, borborygmes et autres bruits divers : « A l'aurore, il la quittait doucement, attentif à ne pas la réveiller, allait chez lui. Parfois, ouvrant les yeux, elle protestait. Ne me quitte pas, gémissait-elle (...) Ces départs du matin, c'était parce qu'il ne voulait pas être vu moins parfait, non rasé et non baigné. C'était aussi parce qu'il avait peur, lorsqu'elle irait prendre son bain, d'entendre le grondement préliminaire et terrifiant de la chasse d'eau, tumulte funeste. » Et puis, plus loin : « La regardant boire, il ne put s'empêcher de penser que dans une heure ou deux elle le prierait, avec le même sourire distingué, de la laisser seule un moment. Il déférerait aussitôt à ce désir et il y aurait, quelques instants plus tard, venu de la salle de bains de cette malheureuse, le bruit maléfique de la chasse d'eau. Bref, une vie de passion. Dans sa chambre, par égard pour elle, il se boucherait alors les oreilles, mais en vain, car l'installation sanitaire du Royal était d'une énergie remarquable. » Ariane finira d'ailleurs par faire construire un second W.-C. en l'absence de Solal.

Mais que ceux qui pourraient redouter d'effrayer l'être aimé dans ce lieu en y faisant du bruit ou en se trouvant dans l'obligation de s'y rendre, gardent en mémoire cet éloge au pet que l'on attribue à Saint Evremond.

Si pour un pet fait par hasard,
Votre cœur, où j'eus tant de part,
De moi pour jamais se retire,
Voyez que d'ores en avant

Où sont les toilettes?

Vous me donnez sujet de dire
Que vous changez au moindre vent!

Qu'ils gardent en mémoire également cette anecdote rapportée par Luther dans ses propos de table : « Un gentilhomme, ayant été interrogé par sa femme sur la véracité de l'attachement qu'il avait pour elle, il lui répondit : "Je t'aime autant qu'une bonne décharge de ventre". Elle fut courroucée de cette réponse, mais le lendemain, il la fit monter à cheval et l'y retint toute la journée sans qu'elle pût satisfaire ses besoins. Alors, elle lui dit : "ô seigneur, je sais maintenant à quel point tu m'aimes, je te conjure de t'en tenir là dans l'attachement que tu me portes." »

Qu'ils sachent que l'on peut même choisir d'y déclarer sa flamme en suivant le mode d'emploi de Roland Topor. Dans *Café-Panique*, Hep-Taxi est « prise d'un tel fou rire » que « Pisse-Vinaigre doit l'accompagner au petit coin. Ce qu'ils se sont racontés à ce moment-là, mystère ; en tout cas, lorsqu'ils sont sortis tous les deux, il avait le visage barbouillé de rouge à lèvres ».

Les comportements individuels mettent donc en évidence à tout moment l'irruption en ce lieu de tout pouvoir y compris de séduction. La sociologie et l'ethnologie montrent que le pouvoir des habitudes culturelles et religieuses y est tellement fort que les traces qu'on y laisse en l'utilisant sont autant d'indices qui signent une civilisation.

Les Allemands par exemple s'attardent sur leur obole grâce à des cuvettes à palier, uniques au monde. Elles comportent une petite plate-forme qui recueille les excréments et permet à tout un chacun de les observer, voire de les admirer sans prendre le risque qu'ils disparaissent avant même d'avoir eu le temps de se retourner...

Les Suisses également séjournent dans les W.-C., lunettes en main; cette différence d'avec nous ne date pas d'hier si l'on en juge par un catalogue d'avril 1900. Il vante les mérites de deux modèles appelés la Seine et le Pouilly, dotés d'un système de cuvette « à tort trop délaissé en France et qui jouit d'une très grande popularité dans certains pays notamment en Suisse. Il présente l'avantage de permettre l'examen des selles, ce qui est absolument indispensable pour la direction des régimes à suivre dans le traitement de certaines maladies, telles que le diabète, l'albuminerie, etc. »

Oh ! surprise ! Dans son principe de vouloir se servir du cabinet comme moyen de surveiller son hygiène de vie, il rappelle les cuvettes « dernier cri » mises sur le marché ces dernières années par certains fabricants étrangers...

En Alsace, où l'on voit parfois les cuvettes à palier allemandes, il existe un adage selon lequel il convient de manger en France, car la chair y est plus savoureuse qu'outre-Rhin, mais il est indiqué de se rendre en Suisse ou en Allemagne pour y faire ses besoins. Une recommandation qui illustre grandeur nature la frontière que nous installons, nous Français, entre la salle à manger et le W.-C. et qui prouve notre incapacité à nous préoccuper de nos commodités qui mériteraient pourtant de porter haut les couleurs de notre gastronomie.

Remarquons d'ailleurs que les Français qui n'hésitent pas à « parler » de nourriture au cours des repas se défendent d'évoquer le lieu où on l'évacue alors que les Allemands estiment indécent, assis autour d'une table, de se repaître de discours culinaires.

Dans certaines régions de Colombie par exemple, le tabou consiste à se laisser surprendre en train de s'alimenter. On s'assied face au mur dans les restaurants pour cacher sa bouche comme on peut cacher ses fesses.

Il y a finalement autant d'indécence à ingurgiter de la matière qu'à la rejeter lorsqu'on veut faire fi des nécessités physiologiques. Buñuel s'en fait l'écho dans *le Fantôme de la liberté*. Une maîtresse de maison convie ses invités à s'asseoir sur des sièges de cuvettes, autour d'une table où sont posés magazines et journaux. Sur un plateau, la bonne « sert » du papier hygiénique en guise de dessert. A l'occasion, l'un d'entre eux se lève et va s'enfermer au petit coin pour y manger discrètement, avec un air de satisfaction manifeste. Pourquoi cette scène qui ne lasse pas de choquer le bourgeois? Buñuel s'en explique. Il a parfois remarqué qu'au restaurant « les femmes ne mangent presque pas et du bout des lèvres. Elles ont honte de manger, comme si manger était obscène. » Elles ont probablement tout aussi honte de déféquer ou du moins défèquent-elles du bout des fesses.

Quoiqu'il en soit, l'être humain, assis sur son siège (est-ce la position qui veut cela?) se comporte de façon identique, selon qu'il se trouve à table ou aux « ouatères », ainsi que l'aurait écrit Raymond Queneau qui parlait de ouatures pour désigner les automobiles. Mange-t-il vite, il n'y reste pas, pose sa crotte et puis s'en va. Prend-il tout son temps devant son assiette, il s'incruste sur la cuvette...

Le metteur en scène, Jean-Michel Ribes n'aime s'attarder à table que si les convives l'intéressent. En leur absence, il fuit. « Pourquoi resterais-je au cabinet dans ces conditions si ce n'est pour me faire chier, puisque l'on s'y retrouve face à soi-même? »

On pourrait lui conseiller de s'établir en Chine, sachant que même privés, les W.-C. y sont publics. Les Chinois ne s'isolent pas, ils communient dans l'effort; Claire Brétécher en a été d'autant plus handicapée que les Chinoises venaient à plusieurs examiner, sous son... nez, cette blonde occidentale en plein office!

Sans doute les Chinois n'éprouvent-ils pas le besoin de se cacher car, aujourd'hui encore, ils récupèrent l'engrais humain pour les besoins de l'agriculture. Dans les campagnes, les toilettes se situent en bordure des routes et des champs. Les excréments tombent dans une sorte de petit caniveau, emportés par une rigole. Le comble est atteint lorsque les selles sont avalées par le cochon que l'on abat ensuite pour le manger. Circuit direct du producteur au consommateur, rien ne se perd, rien ne se crée!

En revanche, certaines sociétés escamotent la merde et tout ce qui s'y rattache, refusant l'idée même d'avoir à s'en occuper. Les pays islamiques par exemple en ont une horreur « sacro-sainte ». Dans ces pays, on fuit une fois l'acte commis et l'on ne vise pas forcément le trou.

Dans *Jamais sans ma fille*, Betty Mahmoody raconte comment son mari iranien lui a fait quitter les États-Unis pour son pays où il l'a ensuite séquestrée. A peine arrivée à l'aéroport, sa petite fille Mahtob réclame les toilettes, ce qui nous vaut la première description de Téhéran. Toutes les deux suivent la direction indiquée mais à mesure qu'elles approchent, leurs pas se font hésitants car la puanteur leur saute au visage. Finalement, elles franchissent la porte et se retrouvent dans une pièce très sombre : « Tout ce que je découvre, c'est un trou dans le ciment. Il est entouré d'une plaque de porcelaine ovale, un vestige sûrement... Tout autour, le sol est parsemé de petites horreurs, d'immondices échoués là. Les gens ont perdu ce trou de vue, si j'ose dire, ou l'ont tout simplement ignoré. Nous suffoquons. Mahtob pleurniche en me poussant dehors : ça sent trop mauvais maman... »

L'Islam qui codifie tous les actes de la vie quotidienne cofidie aussi l'usage de ce lieu en termes de pur et d'impur jusque dans les moindres détails dont on trouve quelques exemples dans le livre vert de l'ayatollah Khomeyni :

« Il est nécessaire à chacun, au moment d'uriner ou de

déféquer, de cacher son sexe à tous ceux qui sont pubères, même à sa sœur ou à sa mère, aussi bien qu'à un faible d'esprit et aux enfants en âge de comprendre, mais le mari et la femme ne sont pas tenus de le faire.

Au moment d'uriner ou de déféquer, il faut s'accroupir de façon à faire face ou à ne pas tourner le dos à la Mecque.

Il est préférable pour uriner ou déféquer de s'accroupir dans un endroit isolé; il est également préférable d'entrer dans ce lieu du pied gauche et d'en sortir du pied droit; il est recommandé de se couvrir la tête durant l'évacuation, et de faire supporter le poids du corps par le pied gauche.

Il est interdit d'uriner ou de déféquer dans quatre endroits :

– les impasses, sauf avec l'autorisation des riverains;

– la propriété de quelqu'un qui n'a pas accordé de permission;

– les lieux du culte, comme certaines medersas;

– les tombes des fidèles, sauf si on veut les offenser. »

Ce dernier exemple éclaire les insultes et les menaces proférées par Fouad Ali Saleh. Ce Tunisien de 31 ans, endoctriné en Iran, est le responsable présumé des attentats commis à Paris en septembre 1986. Il n'attendra même pas l'entrée des magistrats dans le prétoire pour clamer sa haine de l'Occident. Comme le Président du tribunal lui signifie de se taire d'un geste, Fouad Ali Saleh le pointe du doigt et les insultes pleuvent : « Fils d'un Chrétien et d'une Juive, je suis là pour t'écraser. Tu n'as pas le droit de parler. Tu crèveras comme un porc. Va au diable, va en enfer, je te poursuivrai, j'irai profaner ta tombe, je construirai des chiottes sur ta tombe! »

La menace est tombée, cinglante, et l'on comprend mieux le dégoût éprouvé pour ce lieu. On comprend mieux aussi pourquoi, en Inde, les Hindous se soulagent souvent à l'air libre lorsque l'on sait que l'hindouisme prescrit de procéder aux ablutions avec un mélange de terre et d'eau. Les auteurs de ces saintes prescriptions n'avaient pas prévu qu'un jour ils seraient des millions à s'entasser dans des villes dépourvues de la moindre petite surface libre entre les habitations. Lorsque l'on accomplit ses besoins naturels, cela s'appelle « l'appel de la nature ». *The call of nature* s'accomplit selon un rituel bien précis : il ne peut s'effectuer près d'un temple, d'un banian, d'un étang ou d'une rivière fréquentée ; le sol doit être plat et dégagé. Un Hindou doit retirer ses sandales, s'accroupir le plus bas possible et ne jamais se relever pendant l'acte. Il a l'interdiction de regarder le soleil, la lune, les étoiles, un brahmane ou une image pieuse. Il doit rester silencieux et surtout il commet un sacrilège s'il se retourne pour examiner son don à la nature.

Laissez-vous aller à une étude comparative de mœurs, si vous avez un jour l'occasion de rentrer d'Espagne en voiture. Arrêtez-vous dans les toilettes d'une station-service juste après la frontière. Vous y trouverez les indices qui tel un jeu de piste vous désigneront trois civilisations différentes. Des bouteilles d'eau en plastique coupées en deux traînent sur le sol mouillé. Les Marocains qui ont traversé l'Espagne s'en servent pour se laver puisqu'ils ne s'essuient pas. Les traces tenaces des chaussures sur la porcelaine sont là pour rappeler qu'ils utilisent la cuvette comme un W.-C. à la turque.

Les papiers souillés s'entassent dans les corbeilles. Délicate attention de la part des Espagnols en fait ! Dans le Sud des pays méditerranéens non islamiques, les canalisations fragilisées par les années ne connaissent plus le goût du papier hygiénique depuis longtemps. Elles sont trop étroites et risquent de se boucher par manque d'eau. Plus personne ne prend le risque d'y jeter la moindre chose qui puisse leur faire rendre l'âme.

Enfin, dans ces mêmes toilettes, les Français chercheront à s'asseoir et tempêteront s'ils n'ont pas de papier hygiénique à jeter dans la cuvette.

Il est curieux de remarquer que, d'une façon générale, note le docteur Gilliéron, les W.-C. des lieux publics sont très mal tenus au sud alors qu'ils sont très propres en privé et que l'inverse prévaut au nord. Comme si les gens du Sud, expansifs, qui entassent leurs ordures dans les rues, ne rechignaient pas à afficher leurs déchets et que les gens du Nord, plus renfermés, les gardaient pour eux.

Les ethnologues, qui se plongent dans la vie des hommes pour en étudier les particularités, mangeront volontiers local. Mais au moment d'accomplir leurs besoins naturels, la force de l'habitude l'emportera à tel point qu'ils n'iront jamais jusqu'à déféquer local.

« Qui d'entre nous d'ailleurs défèque local, fait remarquer le docteur Epelboin, ethnologue au CNRS? Le voyageur sous les tropiques se fera un plaisir de partager la nourriture exotique, mais pour l'évacuer, non, il n'ira pas jusqu'à mélanger ses fèces (ou ses fesses,) à celles des autres. »

Dans le *melting pot* des cultures, le pot reste intouchable. Ultime barrière contre l'étranger et ses coutumes étranges, il est le rempart qui protège des autres : je fais comme je veux et comme je sais, telle est ma volonté. Mais il s'agit d'un pouvoir occulte car nul ne le revendique publiquement, chez nous surtout, où les W.-C. restent tabous.

L'organisation de notre société, fortement anale, est axée sur le pouvoir, le rendement et la réussite. D'un point de vue psychologique, le rendement touche à ce que l'on avale et ce que l'on restitue – je mange quelque chose, j'en tire partie et je l'expulse. Or, il est bien plus traumatisant de s'attaquer aux fondements d'une mentalité plutôt qu'à ses aspects annexes. Le tabou du sexe est tombé bien avant celui du lieu en question.

En 1955, par exemple, *Monika*, le film d'Ingmar Bergman, provoque le scandale. Non pas tant, comme on l'attendrait de l'époque, à cause de la scène d'amour qui s'y déroule (sous les draps certes), mais parce que Monika fait pipi, à l'abri d'un buisson.

Mais, aujourd'hui, dans *Nuit d'été en ville* de Michel Deville, Marie Trintignant pisse la porte ouverte, pour que chacun puisse l'entendre, en particulier le beau Jean-Hugues Anglade, son amant infatigable.

Mais, aujourd'hui, d'éminents exégètes du lieu sont réunis au sein de l'Association française des toilettes.

Mais, aujourd'hui, Jean-Paul Gaultier, le couturier, aménage des cabines d'essayage éphémères aux Galeries Lafayette dans de vielles latrines anglaises. Mais, aujourd'hui, *Porcelaine de Paris* demande à des architectes de renoms d'aménager leurs « petits coins de paradis » dans sa boutique, rue du Faubourg-Saint-Honoré.

Est-ce le signe que notre société songe à abolir l'un de ses derniers tabous ? Est-ce le signe que les valeurs qu'elle sécrète ne reposent plus sur le rendement comme une fin en soi ?

Merci à tous ceux qui ont partagé ma passion :

Sylviane Moukheiber et Maryse Hazé.
Roland Duval et François Jouffa.
Michel Cantal-Dupart, Jean-Jacques Fernier et Marc Sommereisum.
Jean-Jacques Ritz, François Lévy et le docteur Gilliéron.
Ariane Ovadia, Thierry Mathieu et Catherine Berchasdsky.
Roger-Henri Guerrand, André Daudin et le professeur Buisson.

Anne-Marie Pajot, Liliane Carles.

Et à tous ceux qui, comme eux, m'ont consacré du temps mais qui préfèrent garder l'anonymat !

Table des Matières

Introduction 9
Tourner autour du pot 15
Une vie de chiotte 35
Fermé de l'intérieur 57
Par le petit trou de la lunette 77
Les architectes au petit coin 93
Le péril fécal 113
Humiliation et liberté 129
Lieux communs 151
Le torche-cul 169
La clé du pouvoir 189
Bibliographie 213

Bibliographie

GUERRAND Roger-Henri : *Les Lieux, histoire des commodités,* Éditions de la Découverte, 1985.
Histoire des mœurs. Tome I. Pléiade, Gallimard, 1990.

ARAGON Louis : *Les Beaux Quartiers,* Denoël et Steele, 1936.
AMBIÈRES Francis : *Les Grandes Vacances,* La Nouvelle France, 1946.
AYMÉ Marcel : *La Jument verte,* Gallimard, 1933.
BAUER Charly : *Fractures d'une vie,* Éditions du Seuil, 1990.
BEAUVOIR (de) Simone : *Mémoires d'une jeune fille rangée,* Gallimard, 1958.
BAZIN Hervé : *Vipère au poing,* Bernard Grasset, 1948.
BELDA Joaquim : *La Coquito,* Flammarion, 1986.
BELLETTO René : *Les Traîtres Mots,* Flammarion, 1976.
BENOZIGLIO Jean-Luc : *Cabinet Portrait,* Éditions du Seuil, 1980.
– *Portrait d'une ex,* Éditions du Seuil, 1989.
LA BIBLE Deutéronome : chapitre XXIV, 10 à 15.
BOLOGNE Jean-Claude : *Histoire de la pudeur,* Olivier Orban, 1986.
BONNET Catherine : *Geste d'amour d'accouchement sous X,* Éditions Jacob, 1989.
BRAZELTON T. BERRY : *L'Age des premiers pas. Une déclaration d'indépendance,* Paillot, 1985.
BRIGNEAU François : *Mon après-guerre,* Éditions du Clan, 1966.
BUZZATI Dino : *Nous sommes au regret de.* Traduction Yves Panafieu.
CAVANNA : *Les Russkoffs,* Belfond, 1979.
CÉLINE Louis-Ferdinand : *Voyage au bout de la nuit,* Gallimard, 1952.

CHAMOUX Benoît : *Le Vertige de l'infini. Aventure au xxe siècle,* Albin Michel.
CHEVALLIER Gabriel : *Clochemerle,* PUF, 1973.
COHEN Albert : *Belle du Seigneur,* Gallimard, 1968.
COLL-PART : *Radjar,* Éditions Alternative, 1989.
DIBIE Pascal : *Ethnologie de la Chambre à coucher,* Grasset, 1987.
DJIAN Philippe : *37°2 le matin,* Bernard Barrault, 1985.
DOLTO Françoise : *Au Jeu du désir,* Éditions du Seuil, 1981.
DUCASSE Isidore : *Les Chants de Maldoror* par le comte de Lautréamont, Librairie générale française, 1963.
ÉTIENNE Jean-Louis : *Le Marcheur du Pôle. L'Aventure continue,* Robert Laffont, février 1988.
FLAUBERT Gustave : *Correspondance,* L. Conard, 1926-1954.
FRENCH Marilyn : *Toilettes pour femmes,* Laffont, 1981.
FREUD Sigmund : *La Vie sexuelle,* PUF, 1969.
– *Trois Essais sur la sexualité,* Gallimard/Idées, 1962.
FRUTTERO et LUCENTINI : *La Prédominance du crétin,* Arléa, 1988.
GIDE André : La Pléiade, Gallimard, 1960.
GONCOURT Edmond de : *Journal Dimanche de Pâques,* t. III, 1880.
GRAINVILLE Patrick : *L'Orgie, la Neige,* 1990.
HERBERT Frank : *Dune,* traduction Michel Demuth, Robert Laffont, 1970.
JONG Erica : *Le Complexe d'Icare,* Flammarion, 1972.
KHOMEINY Ayatollah : *Petit Livre vert,* Éditions Libres Halier.
LAPIERRE Dominique : *La Cité de la Joie,* Laffont, 1986.
LEVI Primo : *Si c'est un homme,* Julliard, 1987.
MAHMOODY Betty : *Jamais sans ma fille,* traduction Marie-Thérèse Cuny, France Loisirs, 1989.
MARCHESSEAU Daniel : *Calder Intime,* Solange thiérry, Éditeur.
MARIA-REMARQUE Erich : *A l'Ouest rien de nouveau.*Folio.
MILLER Henry : *Printemps noir,* Gallimard, 1946.
MONTALEMBERT (de) Hugues : *A Perte de vue,* Robert Laffont, 1990.
MONTHERLANT (de) Henry : *Un incompris,* Paris, Gallimard, 1961.
PAGNOL Marcel : *Topaze,* Éditions de Fallois, 1988.
PEYRON Stéphane : *L'homme qui glissait sur les eaux,* Robert Laffont, « L'aventure continue », 1987.
PRÉVERT Jacques : *Parole,* Paris le point du jour, 1948.
PROUST Marcel : *A l'ombre des jeunes filles en fleur.* Pléiade, Gallimard, 1962.
QUENEAU Raymond : *Loin de Rueil,* Paris, Gallimard, 1946.
RABELAIS : *Gargantua XII, Comment Grandgousier connut l'esprit merveilleux de Gargantua à l'invention d'un torche-cul.*
Renard Jules : *Poil de Carotte,* Gallimard, 1979.
ROTH Philip : *Portnoy et son complexe,* Gallimard, 1970.
ROUTH Jonathan : *Guide porcelaine to the loos of Paris,* Wolfe Publishing LTD, 1966.

SAN ANTONIO : *La Vieille qui marchait dans la mer.*Flammarion, 1988.
SARTRE Jean-Paul : *Mur,* Gallimard, 1939; *Les mots,* Gallimard, 1964.
SEGAL Patrick : *Le Voyageur tranquille. Guide Santé Voyage,* Arthaud, 1990.
SIBONY Daniel : *La Haine du désir,* Christian Bourgois éditeur, 1984.
TANISAKI Junichoro : *Éloge de l'ombre,* Publications Orientalistes de France, traduction René Sieffert, 1985.
TOPOR Roland : *Café Panique,* Éditions du Seuil, 1982.
TOURNIER Michel : *Le Roi des Aulnes,* Gallimard, 1970.
VAN DER CRUYSSE Dyck : *Madame Palatine,* Fayard, 1988.
VARGAS LLOSA MARIO : *Éloge de la marâtre, Gallimard, 1990.*
VINAVER Michel : *Théâtre complet. Par-dessus bord. Actes sud,* 1986.
VINCENOT Henri : *La Billebaude,* Denoël, 1978.
VLADY Marina : *Récits pour Militza,* Fayard, mars 1989.

Elle : avril 1990.
Émois : n° 13 juillet – août 1988.
L'Express : n° 2025. Enquête sur un crime oublié.
Le Monde : 23 août 1988.
Le petit fûté de Rennes, Nancy, Le Havre, Poitiers.
Le petit paumé de Lyon.
Photo : mars 1990.

Frantext : Institut national de la langue française.

Cet ouvrage a été réalisé par la
SOCIÉTÉ NOUVELLE FIRMIN-DIDOT
Mesnil-sur-l'Estrée
pour le compte des Éditions Ramsay
en janvier 1991

Imprimé en France
Dépôt légal : octobre 1990
N° d'édition : 2393 – N° d'impression : 16880